Inhalt

2. Beobachtung pädagogischer Situationen und Prozesse 32

Benutzerhinweise

für den »Leitfaden für pädagogisches Handeln«

Der Leitfaden ist ein Verfahren zur Unterstützung von Fachkräften, die sich im Bereich der Basiskompetenzen Beobachten – Dokumentieren und pädagogische Planung weiterqualifizieren möchten. Der Leitfaden beschreibt auf einer sehr praxisnahen Ebene ein methodisches Vorgehen für eine systematisch gesteuerte und zielgerichtete Entwicklung in den drei genannten Bereichen. Es handelt sich bei diesem Leitfaden nicht um ein fertiges Konzept, welches Einrichtungen nur noch adaptieren müssen. Vielmehr leitet dieses Buch Teams an, gemeinsam ein eigenes Konzept mit den zur Verfügung stehenden Ressourcen zu entwickeln.

Das Thema »Bildungsprozesse in Kindergarten und Kita beobachten – dokumentieren – planen« ist in 4 Module aufgeteilt.

1 Modul Grundlagen und Vorüberlegungen

2 Modul Beobachtung

3 Modul Dokumentation

4 Modul Pädagogische Planung

Innerhalb der Module finden Sie immer wiederkehrende Symbole, die zur schnellen Orientierung dienen:

- Leitfragen zum Thema
- Methoden
- Beobachtung und Dokumentation
- Auswertung und Reflexion
- Praxisbeispiel

Die Entwicklungsprozesse werden methodisch beschrieben, ohne einen bestimmten Inhalt zu favorisieren. Die inhaltlich fachliche Ausgestaltung liegt in der Verantwortung der Leiterinnen und der Teams.

Jede Basiskompetenz wird in einem fachlichen Teil eingeführt und um einen methodischen Teil zur systematischen Erarbeitung ergänzt. Alle drei Teile sind unabhängig voneinander zu bearbeiten. Die Intention des Leitfadens ist es allerdings, die drei Basiskompetenzen als eine dynamisch zusammenhängende Einheit zu verstehen, die in ihrer praktischen Umsetzung ein bestimmtes Bild pädagogischer Orientierung widerspiegelt.

Der Entwicklungsprozess innerhalb dieses Systems, das heißt, Einrichtungen, die nach diesem Modell arbeiten möchten, sollte 1,5 bis 2 Jahre Bearbeitungszeit einplanen. Diese Zeitspanne ergibt sich aus zwei Gründen: Zum einen lassen die personellen und zeitlichen Ressourcen nur bedingt die Arbeit an zusätzlichen Themen zu und zum anderen ist dem Modell ein Wechselspiel von theoretischer Entwicklung und praktischer Erprobung zugrunde gelegt.

Der Leitfaden führt und begleitet Teams in einem längeren Prozess ein System der Beobachtung – Dokumentation und pädagogischer Planung zu entwickeln, das eine optimale Bildung, Förderung und Betreuung von Kindern in Tageseinrichtungen ermöglicht.

Adressaten dieses Leitfadens sind Leiterinnen und Fachberaterinnen, die den Prozess der Entwicklung als Moderatorinnen begleiten und moderieren. Die methodischen Hinweise sind für diesen Personenkreis gedacht. Der Leitfaden ist somit ein Handwerkszeug für die Moderatorin im Entwicklungsprozess.

An einigen Stellen im Entwicklungsprozess wird deutlich, dass die Moderatorin und das Team zusätzliche Literatur benötigen, um den Prozess weiter durchlaufen zu können. Deutlich wird das z. B. bei der Recherche nach gängigen Beobachtungsverfahren, dem Portfolio oder auch den Ausführungen zur Projektarbeit in Tageseinrichtungen. Im Rahmen dieses Leitfadens ist es nicht möglich, diese Aspekte so darzustellen, dass sie umfassend für Teams nutzbar sind. Die Arbeit mit Literatur ist zudem eine Aufgabe von pädagogischem Personal, die in der Arbeit in den nächsten Jahren an Bedeutung gewinnen sollte. So liegt die Chance für Teams, die mit diesem Leitfaden arbeiten, darin, sich mit den Verfahren der Aneignung von Fachliteratur bereits innerhalb dieses Prozesses auseinanderzusetzen.

Zum Abschluss dieses Kapitels sollen noch einige wichtige Verfahrenshinweise gegeben werden:

Zur Vorbereitung

1. Bevor sich ein Träger oder eine Einrichtung für dieses Projekt entscheidet, sollte dieses im Team vorgestellt werden. Alle Fachkräfte müssen im Vorfeld wissen, welche Aufgaben auf sie zukommen und was mit diesem Projekt erreicht werden soll.

2. Wenn sich ein Team auf dieser Grundlage für dieses Projekt entscheidet, muss als erstes geklärt werden, wer die Aufgabe der Moderation übernimmt. Es empfiehlt sich dabei an die Leiterin zu denken, da die Person Vorbereitungs- und Auswertungszeiten benötigt.

3. Nachdem festgelegt wurde, wer die Moderation übernimmt, werden die »Spielregeln« vereinbart, nach denen gearbeitet wird. Zusätzlich werden Kompetenzen festgelegt, die der Moderatorin übertragen werden, damit sie handlungsfähig bleibt.

Im Prozess

4. Die erste Aufgabe der Moderatorin in jedem Modul besteht darin, die theoretischen Vorüberlegungen in einer Teamsitzung vorzustellen. Diese sind in diesem Buch jedem Modul vorgeschaltet. Es ist hierbei ausreichend, wenn die Fachkräfte einen Überblick über die wichtigsten Inhalte bekommen.

5. Nach dieser Vorstellung kann der Entwicklungsprozess im jeweiligen Modul mit dem 1. Schritt beginnen.

6. Die Moderatorin kann einzelne Teilaufgaben an Kolleginnen delegieren. Sie sollte dabei immer auf Freiwilligkeit achten. Mit dem Fortschreiten des Prozesses wird die Bereitschaft Aufgaben zu übernehmen wachsen.

7. Einige Kolleginnen werden sich sehr aktiv am Geschehen beteiligen, andere eher passiv verhalten. Die Moderatorin sollte darauf achten, dass sie eine möglichst ausgewogene Verteilung der Beteiligung anstrebt. Verschiedene Methoden ermöglichen auch stilleren Kolleginnen, ihren eigenen Beitrag zu leisten.

Zur Dokumentation

8. Zu jedem Schritt des Entwicklungsprozesses wird ein Ergebnisprotokoll angefertigt. Dazu wird eine Person im Vorfeld ausgewählt. Es ist für alle Fachkräfte eine gute Erfahrung, wenn es ein rotierendes System gibt und jeder einmal drankommt. Es ist sinnvoll, dass sich Teams im Vorfeld über eine bestimmte Form der Protokollführung verständigen, das erleichtert das Lesen ungemein.

9. Sämtliche Protokolle werden in einem Projektordner abgeheftet und dienen der Prozessdokumentation. Darüber hinaus bekommen alle Fachkräfte möglichst umgehend eine Kopie des Protokolls für die eigene Dokumentation zugeleitet.

10. In einigen Schritten entstehen zusätzliche Produkte, diese werden ebenfalls im Projektordner archiviert.

11. Es bietet sich an in diesem Prozess mit Bild- und Tondokumenten zu arbeiten. Arbeitsschritte des Teams können fotografiert werden oder fachliche Gespräche auch einmal auf einem Tonband mitgeschnitten werden.

12. Darüber hinaus empfiehlt es sich, dass jede Fachkraft eine persönliche Dokumentation des eigenen Entwicklungsprozesses anlegt. Diese Dokumentation ist privat und nicht zugänglich.

13. Die Moderatorin sollte ebenfalls ein Protokoll über die Vorbereitungsaufgaben führen und zu jedem Arbeitsschritt eine Einschätzung über das erreichte Ergebnis abgeben. Diese Aufzeichnungen sind ebenfalls privat. Sie können allerdings als Unterstützung für Gespräche mit Kolleginnen dienen oder auch in Reflexionsrunden sehr hilfreich sein.

14. Alle Beteiligten dokumentieren, wann sie wie lange mit welchem Thema im Entwicklungsprozess beschäftigt waren. Es ist ausreichend, dies in eine Tabelle mit den folgenden Überschriften kurz zu notieren.

Datum	Dauer	Thema

15. Prinzipiell nehmen erst einmal alle Fachkräfte am Entwicklungsprozess teil. Wenn bestimmte Aufgaben anderes erfordern, ist dieses jedes Mal vermerkt.

Zum Abschluss

16. Am Ende jedes Moduls sollten die Teams auf jeden Fall eine Reflexion beginnen. Für fortlaufende Prozesse gibt es nicht Wichtigeres, als eine gute Rückschau zu halten und dabei die positiven sowie die negativen Erfahrungen zu bewerten.

17. Diese Ergebnisse müssen fixiert werden und vor Beginn einer neuen Phase nochmals ins Bewusstsein rücken, damit gleiche Fehler nicht wiederholt werden und günstige Dynamiken genutzt werden.

18. Teams sollten zwei Dinge keinesfalls vergessen:

- Präsentieren Sie auf jeden Fall so vielen Menschen wie möglich ihr Arbeitsergebnis und die damit verbundene Steigerung der Güte ihrer pädagogischen Arbeit.
- Feiern Sie sich selbst. In diesem Fall ist es unbedingt erlaubt. Sie haben einen anstrengenden, aber erfolgreichen Weg hinter sich gebracht und können stolz auf Ihre Arbeit zurückblicken. Vielleicht ergibt sich während der Feier ja ein neues herausforderndes Projekt.

Einleitung

Mit diesem Leitfaden liegen erstmals Arbeitsmaterialien vor, die Teams gezielt bei der Entwicklung einer effizient gesteuerten pädagogischen Planung unterstützen. Durch die Bildungsvereinbarungen der Länder mit kommunalen und freien Trägern, werden seit einigen Jahren klare Anforderungen an die pädagogische Fachpraxis formuliert. An pädagogische Fachkräfte wird verstärkt die Anforderung gestellt, in bildungspolitisch zentralen Bereichen, wie beispielsweise Sprachentwicklung, Bewegungsförderung, kognitive und sozial-emotionale Entwicklung, gezielt und individuell zu fördern. In der Geschichte der Kleinkindpädagogik sind diese Forderungen nicht neu, jedoch stellen die strukturellen Anforderungen und die durch die Vereinbarungen erzeugte Verbindlichkeit eine neue Herausforderung dar, z.B. bei der Erstellung von Schuleingangsprofilen oder Entwicklungsgesprächen mit den Eltern.

Träger, Einrichtungsleitungen und pädagogische Fachkräfte sondieren seit einiger Zeit Fachpublikationen auf der Suche nach unterstützenden Arbeitsmaterialien. Es gibt zurzeit sehr viele Checklisten zur Feststellung von Leistung und methodisch-didaktische Hilfen, die auf verschiedenen Ebenen Unterstützung geben. Neben den klassischen Instrumenten zur Bestimmung und Messung meist kognitiver, sprachlicher, sozial-emotionaler oder motorischer Fähig- und Fertigkeiten, sind mit der Nationalen Qualitätsinitiative des Bundesministeriums für Familie, Senioren, Frauen und Jugend vermehrt auch Arbeitsmaterialien zur Qualitätsentwicklung verfügbar. Diese verfolgen im Gegensatz zu den klassischen Instrumenten zur Messung von Kompetenzen einen deutlich systemischeren Ansatz. Von der Annahme ausgehend, dass die Verbesserung und Optimierung pädagogischer Prozesse und Aktivitäten auch Auswirkungen auf die Entwicklung der Kinder hat, setzen diese Programme grundlegend an den Entwicklungspotentialen der pädagogischen Fachkräfte in den Einrichtungen an.

Dieses Buch knüpft an diese noch junge Tradition an. Es unterstützt Fachkräfte und Teams darin, pädagogische Prozesse und Aktivitäten auf der Grundlage einer systematischen und kontinuierlichen Beobachtung für eine effektive pädagogische Planung zu nutzen. Teams können mit Hilfe dieser Arbeitsmaterialien in einen selbstbestimmten und -gesteuerten fachlichen Prozess eintreten, an dessen Ende ein Konzept effizienter pädagogischer Planung steht, welches die Bedürfnisse, Interessen, Wünsche sowie Fähig- und Fertigkeiten aller Kinder in den Fokus stellt.

B Anforderungen an Fachkräfte durch Bildungsvereinbarungen

In den Bildungsvereinbarungen der Länder sind je nach Bundesland unterschiedlich detailliert und gewichtet Bildungsprozesse und -bereiche sowie Lernfelder und methodische Zugänge beschrieben. **Allen ist gemeinsam, dass sie Bildung und Erziehung als eine Einheit verstehen, die sich auf einen kontinuierlichen Prozess im sozialen Kontext beziehen.** Die Konstruktion von Sinn und die Aneignung von Weltwissen finden immer in sozialen Kontexten statt, d. h., dass Kinder sich in einer stetigen Interaktion mit ihrer Umwelt befinden. Kinder entdecken die Welt eigenständig und werden dabei gezielt durch Fachkräfte begleitet und gefördert. Dabei stehen die Vermittlung von grundlegenden und übergreifenden Kompetenzen ebenso im Vordergrund wie die Entwicklung und Stärkung der individuellen Persönlichkeit.

Einen besonderen Stellenwert hat in den Bildungsvereinbarungen die Projektarbeit. Da es in der Kleinkindpädagogik keinen Fächerkanon wie in der Schulpädagogik gibt, was auch nicht wünschenswert ist, kommt der ganzheitlichen Förderung eine große Bedeutung zu. Diese schließt eine kindorientierte Angebotsstruktur ebenso wie eine auf die Lebenswelt und -inhalte abgestimmte Prozessgestaltung ein. Dabei knüpfen Bildungs- und Erziehungsinhalte an den Fähig- und Fertigkeiten, Interessen, Fragen und Bedürfnissen der Kinder an. Hierzu zählt auch, dass Kinder lernmethodische Kompetenzen erwerben, also selbstbestimmt und -gesteuert lernen, intra- und interkulturelle Bildung erfahren, partizipieren können und individualisierte Aktivitäten wahrnehmen können – auch in Bezug auf die Integration von Kindern mit besonderen Bedürfnissen.

In allen Bildungsvereinbarungen finden sich sechs zentrale Bildungsbereiche wieder. Diese sind …

- Sprache und Kommunikation,
- soziale und emotionale Entwicklung,
- Bewegung und Gesundheit,
- naturwissenschaftliches Wissen,
- musische Bildung und Förderung von Kreativität und
- Kultur- und Umgebungswissen.

Sie werden in den Bildungsvereinbarungen zwar unterschiedlich bezeichnet, aber im Kern umfassen die Bildungsvereinbarungen diese Bildungsbereiche.

Die folgenden Ausführungen basieren auf dem mehrperspektivischen Verständnis von Bildungsprozessen (in Anlehnung an den »Orientierungsplan für Bildung und Erziehung für badenwürttembergische Kindergärten«).

- Das Kind ist Akteur seiner Bildungsprozesse. Es erschließt sich aktiv die Welt und eignet sich Wissen an und gestaltet seine eigenen Lernprozesse.

- Von der Geburt an lernen Kinder aktiv.

- Bildung vollzieht sich immer in der Auseinandersetzung mit Anderem und Anderen, also in Interaktionsprozessen. Kinder lernen gemeinsam mit den Menschen ihrer Umwelt, also den anderen Kindern und den erwachsenen Erziehungspersonen.

- Fachkräfte in Tageseinrichtungen sind Beobachter, Begleiter und Akteure. Sie übernehmen eine zentrale, aktive und verantwortungsvolle Rolle, insbesondere des Arrangements der Lernumgebung und als zentraler Interaktionspartner der Kinder. Sie haben somit maßgeblichen Einfluss auf die Ergebnisse und die Qualität von Bildungs- und Erziehungsprozessen.

- Fachkräfte sind verlässliche Partner, die eine anregende Lernumgebung schaffen und Kindern genügend emotionale Sicherheit bieten. Sie stehen den Kindern für Fragen, Gespräche und als Beziehungsperson zur Verfügung. Sie unterstützen die Kinder und geben Hilfestellungen.

- Bildung ist der Zusammenhang von Lernen, Wissen, Wertebewusstsein und Handlungsmöglichkeiten. Kinder müssen lernen zu lernen, und dafür stellt die Fachkraft die Möglichkeiten bereit. Bildung ist nicht nur Wissen, sondern auch die Kompetenz, Haltungen zu entwickeln und Entscheidungen zu treffen.

Die Betrachtung von Bildung in diesem mehrperspektivischen Verständnis zeigt deutlich, welche Aufgaben den Fachkräften zukommen und welche Rolle sie in den Bildungs- und Erziehungsprozessen einnehmen. Um diesen Aufgaben nachkommen zu können und die Rolle möglichst professionell umzusetzen, sind einige methodische und inhaltliche Aspekte zu berücksichtigen. Aus allen Bildungsvereinbarungen lassen sich im Wesentlichen vier zentrale Aspekte hinsichtlich der Aufgaben von Fachkräften lesen:

Beobachtung

Eine kontinuierliche Beobachtung wird in allen Bildungsplänen als professionelle Handlungskompetenz von Fachkräften vorausgesetzt und als unabdingbar für die Gestaltung von Bildungs- und Erziehungsprozessen angesehen. Wissen über Fähig- und Fertigkeiten, Interessen, Bedürfnisse, Themen und Wünsche der Kinder wird überwiegend aus den Beobachtungen im Alltag gewonnen. In einigen Bildungsplänen, z. B. NRW, wird explizit das Beobachten herausgestellt.

Dokumentation

Beobachtungen und deren Ergebnisse müssen dokumentiert werden, so dass sie für die Planung und Umsetzung von Bildungs- und Erziehungsprozessen sowie für Gespräche mit Eltern und Schulen nutzbar sind.

Pädagogische Planung

Wenn in den Bildungsvereinbarungen von Bildungs- und Erziehungsprozessen gesprochen wird, so ist damit nicht nur die Planung gemeint, sondern immer die Umsetzung in Handlung. Das setzt voraus, dass die Prozesse und Aktivitäten geplant werden. Somit kommt der Planung von Prozessen und Aktivitäten eine neue Bedeutung zu, sie ist eindeutig auf Bildungs- und Erziehungsprozesse abgestimmt und gewährleistet eine individuelle Förderung der Kinder.

Zusammenarbeit mit Familien und Grundschulen

Für eine optimale Gestaltung von Bildungs- und Erziehungsprozessen ist die Kooperation der an diesem Prozess beteiligten Personen und Institutionen notwendig. Im Verlauf eines Besuches einer Tageseinrichtung ist eine intensive Kooperation mit den Familien notwendig. Familien sind genauso Partner im kindlichen Bildungsprozess wie die Fachkräfte in den Tageseinrichtungen. Familien wissen über ihre Kinder eine Menge, was der Gestaltung von Prozessen sehr förderlich ist. Außerdem haben Familien ein Recht, über die Entwicklung der Kinder im Austausch mit der Familie zu stehen. Darüber hinaus wird zum Ende der Kindergartenzeit für die Familien und Kinder die institutionelle Kooperation zwischen der Tageseinrichtung und den Grundschulen wichtig. Im Sinne eines optimalen Übergangs in die Grundschule (Transition) gehört auch diese Form der Kooperation zu den Aufgaben der Leitungen und Fachkräften in Tageseinrichtungen.

Was sind Basiskompetenzen?

C.1 Beobachten – Dokumentieren – Planen

Im vorhergehenden Kapitel sind aus den Bildungsvereinbarungen vier zentrale Aspekte des professionellen Handelns von Fachkräften abgeleitet worden. In diesem Buch wird hauptsächlich auf die Aspekte ›Beobachten – Dokumentieren und Planen‹ eingegangen. Im Folgenden sollen diese drei Aspekte als Basiskompetenzen bezeichnet werden.

Warum wird das ›Beobachten – Dokumentieren – Planen‹ als Basiskompetenz von pädagogischen Fachkräften in Tageseinrichtungen verstanden?

Optimale Förderung und Begleitung von Kindern in Bildungs- und Erziehungsprozessen ist nicht intuitiv und zufällig möglich. Eine gezielte, auf Fähig- und Fertigkeiten, Interessen und Bedürfnisse von Kindern abgestimmte Förderung bedarf einer ebenso gezielten und detaillierten pädagogischen Planung. Dabei müssen Fachkräfte im Planungsprozess auf Wissen über die Kinder und deren Lebenswelt zurückgreifen können. Dieses Wissen über die Kinder kann unterschiedliche Quellen haben, beispielsweise ist durch Gespräche mit Eltern einiges über Kinder zu erfahren. Aber noch viel ergiebiger sind die eigenen Beobachtungen und Erfahrungen der Fachkräfte. Diejenigen, die sich bei ihrer pädagogischen Planung nicht an ihren Adressaten orientieren, verpassen die Möglichkeit einer optimalen Förderung und Begleitung.

Einer pädagogischen Planung geht also in der Regel eine Situationsanalyse voraus, die sich im Wesentlichen auf Beobachtungen der Fachkraft bezieht. Damit kommt der Beobachtung eine zentrale Rolle im Bildungs- und Erziehungsgeschehen zu. **Die Ergebnisse von Beobachtungsprozessen bilden die Grundlage für eine gezielte pädagogische Förderung und Begleitung sowie für die Gestaltung eines optimalen Lernumfeldes.** Beobachtung kann dann kein zufälliges Handeln im Alltag von Fachkräften sein, sondern muss Bestandteil der Konzeption eines professionellen pädagogischen Handelns bzw. Ansatzes sein. Beobachtung ist ebenso wie die pädagogische Planung ...

- kein zufälliges Produkt, das aus dem Alltag resultiert,
- kein Ergebnis spontaner Ideen,
- nicht abhängig von Jahreszeiten, Festen oder Feiertagen oder
- nicht das Ergebnis eines Top-down-Prozesses, also einer neuen Handlungsweise durch Anweisung des Trägers oder aus der Verpflichtung der Bildungsvereinbarung heraus.

Beobachtung und Planung sind professionelle Handlungskompetenzen, Basiselemente für eine effiziente und effektive Pädagogik.

Dokumentation ist nicht einfach nur die schriftliche Fixierung von Beobachtetem oder Geplantem. Vielmehr wird durch eine gute Dokumentation der individuelle Blickwinkel der Fachkräfte um die Perspektiven von anderen Beteiligten, wie beispielsweise Kinder und deren Eltern, erweitert. Dokumentation ist ein lebendiger und methodenreicher Prozess, Geschehnisse und Personen in einer multiperspektivischen und methodenreichen Art über einen langen Zeitraum festzuhalten bzw. zu beschreiben und für die weitere pädagogische Arbeit nutzbar zu machen. Über einen langen Zeitraum ist keine Fachkraft in der Lage, sich Details über Kinder, Geschehnisse oder Entwicklungsverläufe angemessen zu merken. Eine geeignete Form der Dokumentation stellt hierbei das Portfolio (Modul 3) dar.

Zwar stellt die Zusammenarbeit mit Familien einen wichtigen Bereich der pädagogischen Arbeit und Kooperation in Tagesstätten dar. Sie ist auch in vielerlei Hinsicht wichtig, um Kinder in ihrer Bildungsgeschichte optimal begleiten zu können, dennoch ist es zunächst einmal wichtiger, die zentralen Basiskompetenzen von pädagogischen Fachkräften zu betrachten und professionell weiterzuentwickeln.

C.2 Partizipation und individuelle Förderung

Das Zusammenspiel von ›Beobachtung – Dokumentation und pädagogischer Planung‹ ermöglicht eine kindorientierte Pädagogik, d.h. eine an den Fähig- und Fertigkeiten, Interessen, Wünschen und Bedürfnissen orientierte Pädagogik, die eine gezielte individuelle Förderung und Begleitung von Kindern in sozialen Strukturen (Kindergruppe etc.) ermöglicht und somit bestmögliche Voraussetzungen für gelungene Bildungsprozesse schafft.

Mit individueller Förderung ist hier nicht gemeint, dass Kinder nur einzeln gefördert werden sollen. **Individuelle Förderung meint hier vor allem, das einzelne Kind gut zu kennen, dessen Entwicklungsstand und Interessen, und dieses Wissen als wertvolle Informationsquelle und Grundlage für die pädagogische Planung von Prozessen und Aktivitäten zu nutzen.** Die Balance entsteht bei der Berücksichtigung von partizipatorischen Prozessen – also der Einbindung der Kinder in Gestaltungs- und Entscheidungsprozesse. Wenn Kinder an ihren eigenen Bildungsprozessen verantwortlich beteiligt werden und wenn sie eigene Lernstrategien und -ziele entwickeln – zu Beginn eher noch intuitiv –, dann ist die Beteiligung an der Gestaltung und Entscheidung über Lerninhalte zwangsläufig. Beteiligung ist nicht immer nur ein demokratischer Prozess in verbalisierter Form, wie beispielsweise in Gesprächsrunden oder Einzelgesprächen. Beteiligung bedeutet auch, dass die Ergebnisse der Beobachtungen durch die Fachkräfte als Grundlage für die pädagogische Planung von Prozessen und Aktivitäten dient. Diese Art der »passiven« Mitbestimmung setzt allerdings eine Grundhaltung der Fachkräfte voraus, die sich aus dem Folgenden ergibt.

Pädagogische Fachkräfte verstehen Kinder als …

- aktiv Lernende, die selbstständig handeln,
- Konstrukteure ihres Lernens, die als aktive Beobachter, Teilnehmer und Gestalter der Welt agieren,
- Menschen, die in sozialen Zusammenhängen interagieren und lernen,
- Menschen, die durch ihre Handlungen und insbesondere durch das Spiel lernen,
- Menschen, die selbstbestimmt entscheiden können und wissen, was sie interessiert und beschäftigt,

- Menschen, die ihr Lernumfeld mitgestalten, das ihren Fähig- und Fertigkeiten, Interessen, Wünschen und Bedürfnissen entspricht,

- individuelle Wesen, die ihre eigenen Ausdrucksformen und Vorstellungen haben und diese mitteilen können.

Pädagogische Fachkräfte verstehen sich dabei als ...

- Begleiterinnen, die Kindern emotionale Sicherheit und Zuwendung in festen sozialen Beziehungen bieten,

Ko-Konstruktion

- Dialog- und Interaktionspartnerinnen der Kinder,

- Gestalterinnen eines anregenden Lernumfeldes sowie von herausfordernden und angemessen Prozessen und Aktivitäten.

C.3 Handlungs- und entwicklungsorientierte Themen

Kindorientierte Pädagogik orientiert sich an den Themen, die die Kinder mitbringen und in sich tragen. Dabei sind nicht nur oberflächliche Themen wie beispielsweise Feuerwehr, Dinosaurier oder Tiere gemeint oder Fragen wie: Warum scheint die Sonne? Wie kommt das Baby in Mamas Bauch? Warum können Autos fahren?

Natürlich sind diese Themen gute Anlässe für vielseitige gezielte Planungen und geben Informationen über das, was die Kinder beschäftigt. Aber das Verständnis einer kindorientierten Pädagogik geht weiter. Auch die kognitiven, sprachlichen, motorischen und sozial-emotionalen Fähig- und Fertigkeiten, die Kinder in unterschiedlich ausgeprägter Form haben, sind Themen der Kinder. Diese äußern sich nicht durch Bekundungen der Kinder oder durch gezielte Fragestellungen, ergeben sich aber aus den systematischen und kontinuierlichen Beobachtungen. Diese beiden Bereiche der Themen, die für die Planung ausschlaggebend sein sollen, sind zum einen die handlungsorientierten Themen und zum anderen die entwicklungsorientierten Themen.

Mit **handlungsorientierten** Themen der Kinder sind Themen gemeint, die ...

- von den Kindern direkt in Aussage- oder Frageform geäußert werden,

- durch Beobachtung von Spielthemen, -partnern, -materialien und -bereichen ersichtlich werden,

- sich aus Gesprächen mit den Kindern ergeben,

- in Gesprächen der Kinder untereinander besprochen werden,

- sich aus den realen Lebenswelten der Kinder ergeben.

Mit **entwicklungsorientierten** Themen der Kinder sind Themen gemeint, die ...

- sich aus Beobachtungen ergeben, die fokussiert sind auf ...
  - kognitive,
  - sprachliche,
  - soziale,
  - motorische,
  - emotionale Prozesse und Entwicklungen,

- aus Gesprächen mit Eltern und gegebenenfalls Therapeuten, Ärzten oder Sozialpädagogen resultieren,

- sich aus den Anforderungen der jeweiligen Bildungsvereinbarungen ergeben.

In der pädagogischen Praxis sollten die entwicklungsorientierten Themen immer an handlungsorientierte Themen gekoppelt sein und nicht isoliert als Übung zur Feinmotorik, zum Sprechen oder zur Bewegung umgesetzt werden. Die Förderung der Kinder ist an die Themen der Kinder gekoppelt und wird über die handlungsorientierten Themen operationalisiert.

Vom Interesse des Kindes an Maschinen zum Selberbauen von Maschinen (Vom entwicklungsorientierten zum handlungsorientierten Thema)

Eine pädagogische Fachkraft hat beobachtet, dass ein Kind nur in Ausnahmefällen den Mal- und Basteltisch aufsucht. Auch an Mal- und Bastelaktivitäten möchte dieses Kind oftmals nicht teilnehmen. Wenn das Kind im kreativen Bereich aktiv ist, hat die Fachkraft gesehen, dass die Werke des Kindes seinem Alter nicht angemessen waren. In einem Gespräch mit dem Kind erzählte das Kind dann auch, dass es nicht gerne malen und basteln würde, aber gerne Maschinen bauen würde. Die Fachkraft nutzte die sich bietende Chance und vertiefte das Gespräch. Sie fragte, ob das Kind zu Hause mit den Eltern oder den Geschwistern Maschinen bauen würde. Das Kind verneinte, sagte aber, dass es viele Bücher über Maschinen hätte. Die Fachkraft ermunterte das Kind, die Bücher mitzubringen. Dies geschah auch.

In einer Teamsitzung, in der Fallbesprechungen durchgeführt wurden, berichtete die Fachkraft von ihren Beobachtungen über dieses Kind. Auch der anderen Fachkraft ist aufgefallen, dass es für die kreative und feinmotorische Entwicklung des Kindes förderlich sein könnte, wenn es gelänge, das Kind häufiger zum Malen und Basteln zu gewinnen. Hier erzählte die erste Fachkraft, dass das Kind sehr an dem Bau von Maschinen interessiert sein. Schnell wurde klar, dass es auch andere Kinder gab, die gerne konstruierten. So planten die Fachkräfte, ein Gespräch mit den interessierten Kindern über den Bau von Maschinen durchzuführen.

Das Interesse der Kinder war sehr groß. Während des Gesprächs konnten die Kinder ihre Ideen gemeinsam mit den Fachkräften entwickeln. Die Gruppe verabredete sich zunächst einmal zu einem Besuch in der Bücherei, um Bücher zu suchen und zu schauen, welche Maschinen es gibt.

Die Gruppe fand schnell viele interessante Maschinen. In der Gruppe wurden Zeichnungen und Baupläne angelegt und verschiedene Maschinen gebaut. Auch das Kind, welches den Anlass zu den Überlegungen gegeben hatte, zeichnete Pläne und baute eine Maschine, die schmutziges Wasser filtern konnte, sodass es wieder klar wurde. In diesem Projekt konnten die Fachkräfte den Kindern Techniken vermitteln, die den Kindern Möglichkeiten boten, verschiedene Fähig- und Fertigkeiten zu entwickeln und auch weiterzuentwickeln. Am Ende dieses Projektes stellten die Kinder ihre Werke den anderen Kindern und den Eltern in einer Präsentation vor.

An diesem Beispiel zeigt sich, dass das entwicklungsorientierte Thema – Fähigkeiten und Fertigkeiten im feinmotorischen und kreativen Bereich zu entwickeln –, mit Hilfe eines handlungsorientierten Themas, – der Bau von Maschinen –, für das Kind und andere Kinder in Form eines Projektes individuell und gezielt umgesetzt werden konnte. Das Kind erfuhr eine sehr individuelle Förderung, an der andere Kinder mit gleichen Interessen partizipieren konnten und ebenfalls eine für sie individuelle Förderung erfuhren. Wünschenswert ist es, dass Kinder eine solche Art der Förderung bekommen und die Möglichkeit haben, ihre Fähig- und Fertigkeiten zu entwickeln.

C.4 Das Modell einer kindorientierten Pädagogik

Der Zusammenhang der Basiskompetenzen ›Beobachten – Dokumentieren und pädagogischer Planung‹ wurde bereits vorgestellt. In diesem Kapitel soll die Bedeutung für eine **kindorientierte Pädagogik** herausgestellt werden.

Im Schaubild unten ist das Zusammenspiel und Ineinandergreifen der verschiedenen relevanten Aspekte für eine zielgerichtete, individuelle Förderung abgebildet.

? *Welche systemischen Annahmen liegen der kindorientierten Pädagogik zugrunde?*

Wandelbare und dynamische Prozesse im Hinblick auf Situationen und Kinder

Pädagogische Prozesse sind wandelbare und dynamische Prozesse. Die Voraussetzungen, damit sind sowohl Situationen wie auch Kinder gemeint, verändern sich ständig. Hier sei an Heraklit (vorsokratoscher griechischer Philosoph, (ca. 540 bis 475 v. Chr.) erinnert, der davon ausging, dass man niemals zweimal in den gleichen Fluss steigen kann. Was er damit ausdrücken wollte, ist wohl die Tatsache, dass das Wasser des Flusses immer anderes und somit auch die scheinbare Konstanz des Flusses nicht gegeben ist. Diese Vorstellung lässt sich ohne weiteres auf das menschliche Zusammenleben übertragen. Eine Familie, ein Individuum scheint uns in der Gegenwart immer als gleich. In der Realität unterliegt dieses Individuum nicht nur ständigen biologischen Prozessen, sondern ebenfalls einer Vielzahl von psychischen, emotionalen und kognitiven Veränderungen. Menschen entwickeln sich, dieses ist ja auch eine Grundlage der Entwicklungspsychologie. So entwickeln und verändern sich Kinder einer Kindergruppe ebenfalls kontinuierlich. Um nochmals Heraklit zu bemühen: Man sieht in einem Kind niemals zweimal das gleiche Kind. Diese Vorstellung, dass man einen Menschen, den man an zwei, drei oder x-verschiedenen Tagen beobachtet, immer anders wahrnimmt und dieser Mensch auch immer andere Anteile seines Wesens repräsentiert, ist für eine effektive pädagogische Planung ein wichtiger Hinweis. So wächst ein immer komplexeres Bild, welches vor eiligen Aussagen (Stereotypisierungen) schützt und eine individuelle Förderung, Erziehung und Bildung von Kindern ermöglicht.

Diese Vorstellung beinhaltet aber auch, dass ein Tag niemals dem anderen gleicht. Für Fachkräfte bedeutet das, dass die pädagogische Planung und Umsetzung variieren muss, denn jeder Tag zeigt sich mit neuen Herauforderungen. Für eine gezielte und individuelle Förderung ist eine flexible und an den Fähig- und Fertigkeiten, Bedürfnissen, Interessen und Wünschen orientierte Planung notwendig. Nur sie gewährleistet eine optimale Förderung, da sie auf die ständigen Veränderungen flexibel reagieren kann. Projektplanung ist vom Verständnis her eine geeignete Form, da in ihr kein mittel- bzw. langfristiger Plan entwickelt wird, sondern vielmehr mit Kindern Themen entwickelt werden (Modul 4) und der Verlauf von den Lernzuwächsen, Interessen und Ideen Rückbindung erfährt.

Die Annahme, dass pädagogische Prozesse dynamisch und wandelbar sind, hat große Auswirkungen auf die konkrete Pädagogik, wenn diese dem entsprechend möchte.

Dynamische Prozesse in Team- und Organisationsentwicklung

Dynamischen Prozessen liegen ebenfalls dynamische Prozesse in Team- und Organisationsentwicklung zu Grunde. Diese Betrachtung findet auf einer metatheoretischen Ebene statt. Teams, die pädagogische Prozesse als dynamisch wahrnehmen, stehen in einem ständigen Austausch und in der Entwicklung der eigenen Organisationseinheit (Team bzw. Kleinteam). Flexible Planung und individuelle Förderung auf der Grundlage von Beobachtungsprozessen erfordern reflexives Handeln. Dieses wird am ehesten erreicht, wenn das reflexive Handeln in gemeinschaftlichen Reflexionen thematisiert, diskutiert und ausgewertet wird. Diese Ebene der Zusammenarbeit in einem Team fördert die Team- und Organisationsentwicklung, da sich die Teams ...

- mit sich selbst auseinandersetzen, d.h. mit eigenen Wertevorstellungen und Vorstellungen guter Pädagogik, mit der Sichtweise auf Kinder und auch der Zusammenarbeit innerhalb des

Teams. Aus dieser Auseinandersetzung ergeben sich inhaltliche Diskussionen, Entscheidungen und Bedarfe an Qualifizierung. Die Umsetzung der Qualifizierungsbedarfe wiederum ist ein Beitrag zur inhaltlichen Entwicklung einer Einrichtung;

- mit ihrer eigenen Organisationsform auseinandersetzen, d. h. sie stellen Fragen an Abläufe, Planungs- und Besprechungsstrukturen und -kulturen. Aus diesen Betrachtungen können sich strukturelle Veränderungen ergeben, die sich direkt auf die Qualität der Organisationsform auswirken. Prozesse werden gegebenenfalls optimiert bzw. erstmalig gezielt geplant oder in kleineren Organisationsformen umstrukturiert (Kleingruppen- oder Einzelarbeit);

- mit den Bedingungen und Kompetenzen einzelner Fachkräfte auseinandersetzen, unter anderem in der Form, dass sich Fachkräfte persönliche Veränderungsziele setzen. Die individuelle Qualifizierung führt zu einem Qualitätszuwachs der gesamten Organisation.

Die inhaltlichen Grundlagen der kindorientierten Pädagogik stützen sich vor allem auf das aus dem Diagramm (S. 16) ableitbare System und das Bild vom Kind und der Pädagogik, das in diesem Leitfaden in Kapitel C. 2 dargestellt wird.

Die Beobachtung der Fähig- und Fertigkeiten, Interessen und Bedürfnisse, der Interaktionen zwischen Kindern sowie Kindern und Erwachsenen, die Nutzung von Material, Aktivitäten und dem Spiel der Kinder geben den Fachkräften eine Vielzahl von Informationen über die Kinder. Die Berücksichtigung und Einschätzung der individuellen Gestaltung durch die Kinder, den Partizipationsmöglichkeiten und der Atmosphäre sowie die Gestaltung der Räume ergänzen dieses Bild durch pädagogische Rahmenbedingungen, die die pädagogischen Prozesse beeinflussen.

Die Ergebnisse und Befunde der Beobachtungsprozesse sind als Quelle des Wissens nötig, um eine optimale Förderung zu planen und umzusetzen. Der Umsetzung geht die pädagogische Planung voraus, welche wiederum dokumentiert wird, und somit können auch deren Effekte durch die Dokumentation von Planung und Beobachtung ermittelt werden. Darüber hinaus werden durch die Umsetzung die Bereiche pädagogisch gestaltet, die wiederum beobachtet werden. Der Kreislauf schließt sich somit. Das bedeutet, dass Planung und Beobachtung in einem dynamischen Verhältnis zueinander stehen. Aufgrund von Beobachtungen wird eine kindorientierte pädagogische Planung entwickelt, deren Umsetzung beobachtet wird und wiederum als Inhalt und Quelle für weitere Planung dient. Dieser Kreislauf speist sich immer wieder selbst. Die Dokumentation dient als Quelle und Möglichkeit der Orientierung und Verlässlichkeit.

Der kindorientierte Ansatz stellt die Themen der Kinder in den Vordergrund. Die Themen des Umfeldes, des Jahreslaufes, zum Beispiel Jahreszeiten und Feste, werden in die Themen der Kinder integriert. Das bedeutet, dass Jahreszeiten nicht ein primäres Thema für sich sind, sondern dass Fachkräfte anhand ihrer Beobachtungen und der Themen der Kinder, an den Fähig- und Fertigkeiten, den Bedürfnissen und Interessen der Kinder orientiert, die Jahreszeiten z. B. in die Planung einfließen lassen.

Der dynamische Kreislauf dieses Ansatzes zeigt die ständige inhaltliche Veränderung der pädagogischen Arbeit. Diese ständige Veränderung stellt Fachkräfte vor die interessante Herausforderung, pädagogische Prozesse, Angebote und Aktivitäten mit einem großen Repertoire an Methoden umzusetzen.

Methodische Vielfalt bedeutet aber nicht Beliebigkeit, sondern setzt ein dezidiertes Verständnis für die Basiskompetenzen voraus. Für die Beobachtung bedeutet dieses, dass für die Erfassung von handlungs- und entwicklungsorientierten Themen ein Beobachtungskonzept vorliegen muss, in dem die Grundlagen der Beobachtung niedergeschrieben sind. Die Entwicklung eines solchen Konzeptes wird in diesem Buch methodisch begleitet. Der Schwerpunkt liegt allerdings in der systematischen Erarbeitung eines einrichtungsspezifischen Konzeptes unter fachlichen Aspekten. Aus diesem Grund werden auch keine einzelnen Verfahren vorgestellt. Die Auswahl von Methoden und Verfahren kann jedes Team mit der eigenen Fachlichkeit und dem Wissen um eigene Bedürfnisse und Möglichkeiten am besten selbst entscheiden. Auf der Grundlage der beschriebenen Inhalte von Beobachtung können Teams das eigene Konzept ideal an den eigenen Bedingungen fachlich entwickeln.

Für die Dokumentation lassen sich ähnliche Grundlagen festlegen. Es gibt eine Vielzahl von Dokumentationsformen, die ebenfalls je nach Inhalt und individueller Bedarfe unterschiedlich bedeutsam und hilfreich sein können. **Unabhängig davon stellt das Portfolio eine ideale Form der Dokumentation dar.** Neben der starken Bezugnahme auf die Beobachtung und Einbindung von Familien, sind im Portfolio die Arbeiten der Kinder sowie die Entwicklung von Lernzielen und -strategien integriert. Ausschnitte des Portfolios lassen sich auch für Schuleingangs- oder Entwicklungsprofile, Gespräche mit Familien und Grundschulen nutzen. Darüber hinaus bleibt genügend Freiraum zur individuellen Ausgestaltung durch die Fachkräfte.

Durch die pädagogische Planung und deren Umsetzung erfahren Kinder den Alltag, Prozesse, Situationen, Freispiel, Angebote und Aktivitäten. Diesem Bereich kommt für die Praxis eine große Bedeutung zu, da das Ergebnis bzw. die Umsetzung der Planung die Kinder unmittelbar berührt. Von Beobachtungsprozessen und Dokumentationen bekommen die Kinder im Erleben des Alltags in der Regel wenig mit. Aber die Praxis, das Umsetzen von Inhalten im Alltag ist das, was Kinder erleben. Hier konkretisiert sich die Förderung, Bildung und Erziehung für die Kinder. Neben den vielen Ansätzen oder einer Wochen-, Monats- oder Jahresplanung, ist der Ansatz der Projektplanung derjenige, der im dynamischen Kreislauf der kindorientierten Pädagogik diese am besten repräsentiert.

1 Entwicklung eines Konzepts von kindorientierten Bildungsprozessen

In diesem Leitfaden werden Teams innerhalb eines systematischen Prozesses zur Entwicklung einer kohärenten Konzeption begleitet. Die Checklisten unterstützen Teams bei der Erstellung von Konzeptmodulen für Beobachtung, Dokumentation und pädagogische Planung. In diesem Kapitel werden die Grundlagen des Prozesses vorgestellt. Diese gelten für alle systematischen Entwicklungsschritte innerhalb dieses Systems.

1.1 Leitung als Moderatorin

In jedem systematischen Entwicklungsprozess muss es eine Person geben, die die Verantwortung für die Durchführung der Prozesse übernimmt. In dem vorliegenden Konzept wird die Aufgabe mit »Moderatorin« beschrieben. Die Bezeichnung erfasst die wesentliche Aufgabe dieser Person, nämlich den Entwicklungsprozess verantwortlich zu begleiten und zu moderieren. Je nach Organisationsform bieten sich unterschiedliche Personen an, die diese Rolle übernehmen können. Da die meisten Einrichtungen zwischen drei und fünf Kindergruppen umfassen dürften, handelt es sich in der Regel um kleinere Organisationsformen, die eine Leitungsperson haben und eine Reihe von Gruppenfachkräften. Nur in wenigen Ausnahmen wird es in Einrichtungen eine Abteilungsleiterin, eine Qualitätsbeauftragte oder eine Person in einer vergleichbaren Funktion geben. Das bedeutet, dass der Kreis der Personen, die als Moderatorin in Frage kommen, sich schnell schließt. In der Regel wird die Einrichtungsleiterin diejenige sein, die die Entwicklungsprozesse moderiert. Es bietet sich in solch kleinen Organisationsformen aus mehreren Gründen an, die Leitung mit der Moderation zu beauftragen:

1. Leiterinnen planen Teamsitzungen.

2. Leiterinnen sind in der Regel die einzig freigestellten Personen in einer Einrichtung, sei es, dass sie teilweise oder vollständig freigestellt sind.

3. Leiterinnen haben immer die ganze Einrichtung im Blick und kennen die Fachkräfte mit ihren Stärken und Schwächen.

4. Leiterinnen haben die Personalverantwortung und führen Personalentwicklungsgespräche.

5. Leiterinnen verantworten die Arbeit gegenüber dem Träger und gegebenenfalls gegenüber der Öffentlichkeit.

6. In Einrichtungen, in denen andere Formen von Entwicklungsprozessen durchgeführt werden, sind Leiterinnen für diese Prozesse ebenfalls verantwortlich.
   Ein Beispiel hierfür ist das Vorantreiben der Qualitätsentwicklung für die jeweilige Tageseinrichtung.

7. Leiterinnen sind Ansprechpartner vom Elternrat, von Eltern, anderen Einrichtungen und weiteren Kooperationspartnern.

8. Leiterinnen verfügen über Kenntnisse in Moderation, Führung, Controlling und Management.

9. Leiterinnen sind oftmals für die pädagogische Weiterentwicklung der Einrichtung und Sicherung des erreichten Levels per Stellenbeschreibung verpflichtet.

Der Moderatorin kommt im Entwicklungsprozess eine Schlüsselrolle zu. Sie übernimmt zum einen die Verantwortung für Aufgaben, die sich auf **fachliche Aspekte** beziehen und zum anderen Aufgaben, die sich auf **Managementaufgaben** beziehen. Die fachlichen Aspekte orientieren sich an wissenschaftlich gesicherten Erkenntnissen aus der Fachdisziplin. Die Managementaspekte verlangen vor allem eine systematische und ergebnisorientierte Steuerung der Entwicklungsprozesse. Moderatorinnen sind im Einzelnen verantwortlich für ...

1. die Planung des gesamten Verfahrens,
2. die Vorbereitung von einzelnen Schritten im Verfahren,
3. die Durchführung der einzelnen Entwicklungsschritte,
4. die Dokumentation des Verfahrens,
5. das Controlling,
6. die Sicherung der Ergebnisse,
7. die Bereitstellung der Ressourcen,
8. Motivation, Information und Begleitung aller Beteiligten,
9. Benennung von Qualifizierungsbedarfen,
10. die Erarbeitung der Konzeptteile und ein gutes Arbeitsklima.

Die Liste der Aufgaben ist sicherlich nicht erschöpfend. Es zeigt sich aber an hand dieser Auflistung schon deutlich, welche Anforderungen an Moderatorinnen eines solchen Prozesses gestellt werden.

Die Ausgestaltung der Aufgaben ist individuell unterschiedlich. Einige Leiterinnen werden eher teamorientiert arbeiten und viele Aufgaben im Team besprechen und verteilten (delegieren). Andere hingegen interpretieren ihre Leitungsrolle eher dahingehend, dass sie für die Prozesse verantwortlich sind und deshalb die Moderation auch eigenständig durchführen.

? *Welche Moderationsform ist für die jeweilige Leiterin (in ihrer Persönlichkeit) geeignet?*

Wichtig dabei ist, ...

1. **die Sicherheit für alle Beteiligten, sich auf ein verlässliches System stützen zu können.** Absprachen haben Bestand und werden nicht immer wieder verschoben, Zeitabsprachen sind verbindlich, gemeinsam erarbeitete Ziele werden nicht immer wieder in Frage gestellt und es herrscht ein angenehmes und vertrauensvolles Arbeitsklima – um nur einige Beispiele für Bestandteile eines verlässlichen Systems zu nennen.

2. **die Ergebnisorientierung in den Entwicklungsprozessen.** Die Moderatorinnen achten darauf, dass das Ziel, welches durch die angestoßenen Prozesse verfolgt wird, im Fokus bleibt. Sie müssen darauf achten, dass die Arbeitsgruppen oder Einzelarbeiter ihren Aufgaben im Sinne des gemeinschaftlichen Prozesses nachkommen und die zugesagten Produkte erstellt werden.

3. **dass die Moderatorinnen von ihrem eigenen Handeln überzeugt sind und sowohl die fachlichen wie auch systemischen Aspekte anerkennen.** Moderatorinnen können Entwicklungsprozesse nur dann erfolgreich begleiten, wenn sie diese für sich akzeptieren und unterstützen.

4. **die Anbindung der Zielperspektive an die fachliche Diskussion.** Alle Entwicklungsbestrebungen sind nur dann sinnvoll, wenn sie sich auf fachliche Aspekte stützen.

Im praktischen Teil werden (Modul 4) die Aufgaben für die Moderatorinnen in den einzelnen Entwicklungsschritten beschrieben. Somit gibt dieser Leitfaden eine Orientierung hinsichtlich der systemischen Schritte und der zu erreichenden Zielperspektive.

1.2 Entwicklungsprozesse als Team-, Organisations- und Personalentwicklung

Entwicklungsprozesse als Teamentwicklung

Entwicklungsprozesse, die in der Organisation selbst verankert sind und von den Fachkräften auf fachlicher Grundlage entwickelt werden, sind immer auch Teamentwicklungsprozesse.

Die gemeinschaftliche Verantwortung für die Ergebnisse der Prozesse und das gemeinschaftliche Erarbeiten der Module ist nur in einem funktionierenden Team möglich. Das bedeutet, dass alle Mitglieder des Teams ein gemeinschaftliches Interesse haben, die pädagogische Arbeit in ihrer Einrichtung zu entwickeln und bereit sind, sich auf einen gemeinschaftlichen Entwicklungsprozess einzulassen.

Orientiert an fachlichen Standards haben Teams die Möglichkeit, »eigene Ideen« zu entwickeln und diese an die Bedarfe der Familien und die Bedingungen der Einrichtung optimal anzupassen. In solchen Prozessen wird das fachliche Know-how aller beteiligten Fachkräfte benötigt. Das Wissen aller wird für den gemeinschaftlichen Prozess generiert, greifbar gemacht und mündet in ein schlüssiges Konzept der pädagogischen Arbeit.

Defizite werden, genauso wie Stärken, gemeinsam entdeckt und können bearbeitet werden, ohne dass dabei die Frage des Versäumnisses oder der Schuld thematisiert werden muss. Fortbildungsbedarfe werden erkannt und behoben.

Im optimalen Fall entsteht durch einen Entwicklungsprozess ein optimales Arbeitsklima, welches sich für weitere Arbeitsprozesse aufrechterhalten lässt.

Entwicklungsprozesse als Organisationsentwicklung

Mit der Festigung und Weiterentwicklung der Qualität der pädagogischen Arbeit entwickelt sich die Organisation weiter. Tageseinrichtungen haben formal gesprochen eine Dienstleistung anzubieten, nämlich die Bildung und Betreuung von Kindern. Die Qualität einer Dienstleistung lässt sich an deren Outcome ablesen, der wiederum abhängig ist vom Output. Anders gesagt, die Qualität einer Dienstleistung hängt davon ab, ob diese den Gegenstand der Dienstleistung erfüllt, was davon abhängig ist, wie die Dienstleistung organisiert ist.

Wenn ein Postzusteller verspricht, Briefe innerhalb eines Tages in Deutschland zustellen zu können, dann ist es zentral, dass dieses auch innerhalb der angegeben Frist geschieht. Benötigt er dafür, anders als zugesagt, zwei Tage, ist sein outcome schlecht. Das könnte unter anderem an der ineffizienten Planung und Organisation liegen (Output) oder zu geringen Ressourcen (Input).

Wenn die Bildung und Betreuung von Kindern in Tageseinrichtungen formal betrachtet wird, dann lässt sich das Prinzip auch auf den Bildungs- und Betreuungsprozess übertragen. Der Outcome könnten beispielsweise optimal geförderte Kinder sein, die in einer positiven Atmosphäre einen ihrem Alter und ihren Möglichkeiten entsprechenden »Bildungsstand« erreicht haben.

Diese Kinder sind optimal auf ihren zukünftigen Lebens- und Bildungsweg vorbereitet. Dieses festzustellen ist allerdings ein sehr kompliziertes Unterfangen und wird sicherlich von vielen anderen Faktoren beeinflusst. Aber angenommen, dass dieses ein optimaler Outcome wäre, dann würde man schauen, mit welchen Ressourcen (Input) und welcher methodischen und systematischen Steuerung und Inhalten (Output) dieses erreicht werden könnte. Bei einem optimalen Outcome ginge man davon aus, dass die Ressourcen optimal eingesetzt wären und der Dienstleistungsprozess optimal geplant und gesteuert wäre. Ist der outcome nicht optimal, dann würde man an hand einer Analyse schauen, an welchen Stellen Optimierungen notwendig wären. Es würde eine Phase der Optimierung beginnen.

Um auf den Anfang dieses Kapitels zurückzukommen: **Die Erarbeitung eines Konzeptes zur kindorientierten Pädagogik wäre eine mögliche Optimierungsform. Die Steigerung der Qualität in der pädagogischen Arbeit würde zur Verbesserung der Einrichtungsqualität führen. Die im vorhergehenden Kapitel angesprochene Teamentwicklung ist mit der Organisationsentwicklung eng verbunden, da sie sich gegenseitig bedingen.**

Entwicklungsprozesse als Personalentwicklung

In jedem gemeinschaftlichen Entwicklungsprozess liegt auch eine Chance für jedes einzelne Individuum. In diesen Entwicklungsprozessen liegt auch für jede Fachkraft eine persönliche Chance der weiteren Qualifizierung. Im Verlauf eines solchen umfassenden Entwicklungsprozesses wird den einzelnen Fachkräften deutlich, wo ihre Stärken, aber auch ihre Schwächen liegen. Im besten Fall wird ihnen selbst deutlich, welche Bedarfe sie an zusätzlicher Qualifizierung haben. Im anderen Fall wäre es die Aufgabe der Moderatorin, diese Bedarfe zu erkennen und zum Thema zu machen.

Personalentwicklung ist aber im Regelfall keine Teamsache, sondern bedarf Personalentwicklungsgespräche, zwischen der Leiterin und der pädagogischen Fachkraft. Diese Gespräche sollten, unabhängig davon, ob sich eine Einrichtung in einem Entwicklungsprozess befindet oder nicht, regelmäßig stattfinden. In diesen Gesprächen werden persönliche Ziele mit den einzelnen Fachkräften vereinbart. Zu den Zielen kann auch die Benennung von Qualifizierungsmaßnahmen gehören.

Darüber hinaus sollten Moderatorinnen während eines Entwicklungsprozesses immer begleitend Personalentwicklungsgespräche führen und gemeinsam mit den einzelnen Kolleginnen Ziele erarbeiten, damit die gemeinsame Arbeit nicht nur positive Entwicklungen für die Einrichtung und das Team hervorruft, sondern auch für jede Fachkraft. Denn Qualifizierung von Fachkräften führt im Umkehrschluss wiederum zur Steigerung der Qualität im Team und der Einrichtung. Jede Moderatorin sollte ein Interesse an diesen Gesprächen haben, um die Effekte der Entwicklungsdynamik auf allen Ebenen nutzen zu können. Darüber hinaus sollte es ein Selbstverständnis von Trägern sein, das eigene Personal in einem fortwährenden Prozess stetig zu qualifizieren.

1.3 Dynamisches Entwicklungsmodell

Im Folgenden wird das Entwicklungsmodell, dem die Entwicklung der Konzepte zu den drei Basiskompetenzen zugrunde liegt, vorgestellt. Das Verfahren ist systematisch, dass heißt, es baut jeweils auf den vorhergehenden Schritt auf. Systematisch ist es aber auch hinsichtlich der Gliederung. Die Entwicklungsprozesse finden immer in drei Phasen statt: der Orientierungsphase, der Findungs- und Entwicklungsphase sowie der Umsetzungs- und Reflexionsphase. Jede dieser drei Phasen ist durch eine unterschiedliche Zahl von Schritten unterteilt. In den einzelnen Bereichen der Basiskompetenzen sind diese nicht gleich. Die Anzahl der Schritte ist jeweils vom Inhalt abhängig.

Zur besseren Orientierung ist die Beschreibung jeweils nach folgenden Aspekten gegliedert:

ENTWICKLUNGSPROZESSE

Ziele
In jedem Schritt beginnt die Beschreibung mit der Formulierung von Zielen, die durch diesen Arbeitsschritt erreicht werden sollen. Für einen transparenten und effektiven Prozess ist es jederzeit wichtig, dass alle Beteiligten wissen, warum sie etwas tun und welche Ziele damit verbunden sind.

Methode
Die Methode gibt der Moderatorin und dem Team eine Orientierung darüber, wie das Ziel erreicht werden soll. Daraus ergeben sich gegebenenfalls Vorbereitungen, damit bestimmte Methoden durchführbar sind. Alle beschriebenen Methoden sind nicht sehr zeitaufwändig.

Teilnehmer
Für jeden Arbeitsschritt werden die beteiligten Personen genannt. Im Wesentlichen werden hauptsächlich die pädagogischen Fachkräfte am Entwicklungsprozess teilnehmen. In einigen Bereichen kommen auch dritte Personen hinzu, die für bestimmte Aufgaben eine wichtige Rolle einnehmen. An einigen Stellen ist es weder notwendig noch möglich, dass ein ganzes Team mit bestimmten Aufgaben beauftragt wird, das ist dann jeweils vermerkt.

Dauer
Zur besseren Planung ist jeweils angegeben, wie viel Zeit für den jeweiligen Arbeitsschritt benötigt wird. Der angegebene Wert ist ein mittlerer Schätzwert, er berücksichtigt keine Vor- und Nachbereitungszeiten der Moderatorin und der Fachkräfte.

Vorbereitung
Für einige Methoden bzw. Arbeitsschritte ist es notwendig, einige Vorbereitungen zu treffen. Die wichtigsten werden unter diesem Punkt kurz benannt.

Durchführung
Hier werden die einzelnen Teilschritte beschrieben und an wichtigen Stellen Hinweise auf mögliche Fragen gegeben. Einige Hinweise sowie Checklisten, die für den weiteren Arbeitsprozess wichtig sind, ergänzen die Fragen.
Die Beschreibungen sollen das Team unterstützen und dazu beitagen, einen angemessenen und gangbaren Weg zu finden.

Drei Phasen des Entwicklungsprozesses

In diesem ersten Schritt des Entwicklungsprozesses verschaffen sich alle Fachkräfte zunächst einmal einen Überblick über den Ent-wicklungsstand der Einrichtung. Dieses kann zunächst in einer Bestandsaufnahme der eigenen Arbeit durch die einzelnen Fachkraft geschehen oder auch schon in einem Kleingruppen- bzw. Teamprozess.

? *In der Orientierungsphase arbeiten die Teams vor allem unter drei Fragenkomplexen.*

- Was tue ich als Fachkraft hinsichtlich des Aspektes, der bearbeitet wird?
- Was ist gängige Praxis innerhalb der Kindergruppe, in der ich als Fachkraft tätig bin?
- Welche gruppenübergreifende bzw. einrichtungsspezifische Konzeption liegt für diesen Aspekt vor?

Der Erfahrungsaustausch über diese drei Fragekomplexe ist entscheidend für den weiteren Bearbeitungs- und Entwicklungsprozess, denn aus der Analyse des Ist-Zustandes leiten sich Fragestellungen ab, die im weiteren Prozess beantwortet werden müssen, und zu denen Konzeptideen entwickelt werden müssen. Der Austausch, in Form einer geleiteten Gruppendiskussion, informiert alle Fachkräfte über Unterschiede und Gemeinsamkeiten in der praktischen Umsetzung in den Gruppen und über das Vorhandensein einrichtungsspezifischer Festlegungen. Es werden auch Gedanken und Vorstellungen der Kolleginnen in diesem Diskussionsprozess sichtbar, die für die Entwicklung des Bereiches wichtige Impulse geben können.

In den Ausführungen in diesem Leitfaden wird auf den Einsatz vorgefertigter Instrumente bei diesem ersten Schritt weitgehend verzichtet. Das hat vor allem zwei Gründe:

Zum einen lenken Checklisten oder andere Formen von standardisierten Instrumenten den Blick unter bestimmten systematischen Bedingungen immer in eine bestimmte Richtung. Für ein schnelles Screening ein sehr brauchbares Verfahren. Es eignet sich allerdings nur bedingt in einem Prozess, in dem das Erfahren und Bewusstmachen der eigenen Praxis als eigenständiger Prozess aus dem Team heraus wachsen soll. Die Verantwortung für die gewählte Methode bzw. die Analyse des Ist-Standes liegt zum wesentlichen Teil bei den Fachkräften der Einrichtung. Durch die vorhandene Fachkompetenz und unter lernpsychologischen Aspekten ist die eigenständige Erarbeitung des Verfahrens schon der erste Schritt zur Bearbeitung einer Fragestellung bzw. eines Problems. So stellt es sich auch für diesen Entwicklungsprozess dar. Die Identifikation mit den Prozessen der Entwicklung ist umso größer, je stärker die beteiligten Fachkräfte nicht nur in inhaltliche Fragen eingebunden sind, sondern auch in strukturell-methodische Fragen.

Zum anderen lassen freiere Methoden der Feststellung des Ist-Standes viele Möglichkeiten der Annäherung und Bearbeitung zu. Lebhafte, aber dennoch zielgerichtete Diskussionen unterstützen ein produktives, aufgeschlossenes Arbeitsklima. Es gibt keine Berührungsängste mit Verfahren, die die eigene Arbeit durch Dokumentation transparent machen. Transparenz ist zwar eine wichtige Voraussetzung für das Gelingen von solchen Arbeitsprozessen, ist aber andererseits ein wertvolles »Gut«, das erst im Laufe eines Prozesses entfaltet werden kann.

M 1.3.2 Findungs- und Entwicklungsphase

Je optimaler die Orientierungsphase umgesetzt wurde, desto einfacher ist der Übergang in die Findungs- und Entwicklungsphase.

Die mittlere Phase im Entwicklungsprozess ist die Findungs- und Entwicklungsphase, die aus zwei Schritten besteht.

Im ersten Schritt dieser Phase geht es um die Festlegung des systematischen Vorgehens und die Auswahl von Themenschwerpunkten. Die Ergebnisse der Diskussion werden sehr schnell zeigen, dass es an vielen Stellen möglich ist, mit der Arbeit anzufangen. Doch es ist sehr unrealistisch zu glauben, dass alle »Baustellen« gleichzeitig bearbeitet werden können. Es ist deshalb notwendig, in einem ersten Schritt, basierend auf den Ergebnissen der Diskussion in der Orientierungsphase, festzulegen, welche Aspekte vertieft und intensiv vom Team bearbeitet werden sollen.

Es ist vielleicht hilfreich, an dieser Stelle zu erwähnen, dass Entwicklungsprozesse, so wie sie hier verstanden werden, nicht nur dynamisch, sondern auch zyklisch sind. *Mit einem dynamischen Prozess ist vor allem die gegenseitige Beeinflussung der Entwicklungsschritte in einem fortlaufenden Prozess gemeint.* Aber auch die Veränderungen, die sich aus der Erprobung der theoretisch entwickelten Planungen ergeben und die daraus resultierenden Neuentwicklungen bzw. Veränderungen. Die Prüfung auf Praxistauglichkeit ist ein wesentlicher Faktor für die Entwicklung eines handhabbaren Modells. Theoretische Modelle, die in der Praxis nicht tauglich sind, haben zumindest im Bereich der Tageseinrichtungen für Kinder keinerlei Relevanz.

Mit zyklisch ist gemeint, dass die Entwicklungsprozesse sich in einem ständigen Verfahren der Ergebnissicherung und -überprüfung befinden. Einmal Erreichtes steht ständig auf dem Prüfstein, um die Qualität der Arbeit zu gewährleisten. Die Entwicklung von Standards ist dabei ein hilfreicher Schritt, denn an hand der Standards lässt sich sowohl intern als auch extern, z. B. durch Eltern, überprüfen, ob festgelegte Ziele tatsächlich erreicht werden.

Mit der Auswahl von Themen für den ersten Durchlauf eines dynamisch-zyklischen Entwicklungsprozesses ist gleichzeitig eine erste Schwerpunktsetzung verbunden, d. h., dass für eine erste Bearbeitung die ausgewählten Themen im Fokus der Auseinandersetzung stehen. Diese sollten auf jeden Fall die pädagogischen Schwerpunkte der Einrichtung widerspiegeln.

In einem zweiten Schritt werden dazu Ziele, Methoden, Verfahren und Inhalte entwickelt, die zur Umsetzung kommen sollen. Es entsteht in der gemeinschaftlichen Auseinandersetzung und Erarbeitung ein individuelles Konzept für die jeweilige Einrichtung, das auf fachliches Wissen zurückgreift.

In dieser Phase des Entwicklungsprozesses muss das erarbeitete theoretische Konzept in der Praxis durch die beteiligten Fachkräfte erprobt und gegebenenfalls modifiziert werden. Nur durch die praktische Erprobung ist es überhaupt möglich festzustellen, inwieweit das entwickelte Konzept der eigentlichen Arbeit, der Begleitung von Bildungsprozessen und der Betreuung von Kindern, dienlich ist.

Dieser Teil des Prozesses nimmt in der Regel deutlich mehr Ressourcen in Anspruch als die anderen Schritte der Entwicklung. Diese Zeit ist aber unter den oben genannten Aspekten gut investierte Zeit. Das am Ende feststehende Modell kann nun in der letzten Phase umgesetzt werden.

1.3.3 Umsetzungs- und Reflexionsphase

In der letzten Phase des Entwicklungsprozesses stehen die Umsetzung, insbesondere die Dokumentation des Konzeptes und die praktische Einführung in den Alltag, sowie die Reflexion der Prozesse und die Sicherung der Ergebnisse im Vordergrund.

Indem sich Teams nun längere Zeit mit der Erarbeitung eines Konzeptes, beispielsweise zur Beobachtung, auseinandergesetzt haben und in vielen kleineren Arbeitsschritten ihrem individuellen Konzept genähert haben, steht die Dokumentation des Konzeptes an. Am Ende der zweiten Entwicklungsphase gibt es ein erprobtes Konzept. Dieses muss nun noch schriftlich fixiert werden, damit es sowohl nach innen als auch nach außen kommunizierbar und somit bekannt wird. Die schriftliche Niederlegung der Konzeption schafft für alle beteiligten Fachkräfte, für die Leitung, für den Träger und gegebenenfalls auch für die Eltern Sicherheit. Die Güte der pädagogischen Arbeit wird somit nicht nur messbarer, sie wird vor allem transparenter und auch nachvollziehbarer für andere Personen. Eltern können sich auf bestimmte Arbeitsweisen, Inhalte und Methoden verlassen und wissen ihre Kinder somit in guten Händen. Träger teilen mit ihren Mitarbeitern die Verantwortung, nach bestem Fachwissen Bildung und Betreuung sicherzustellen und sich dieser Aufgabe in einem kontinuierlichen und systematischen Prozess zu stellen.

Während das Konzept schriftlich fixiert wird, kann der Prozess der Umsetzung in den Gruppen bereits beginnen. Dabei helfen die Erfahrungen aus der Erprobungsphase. Fachkräfte überführen nun schrittweise die neuen Kompetenzen in ihr alltägliches Handlungsrepertoire und stellen somit die Qualität der pädagogischen Arbeit sicher und tragen zu einer Optimierung bei.

Nachdem die neuen oder erweiterten Handlungskompetenzen in die Praxis eingeführt worden sind und Bestandteil der alltäglichen Arbeit geworden sind, schließt sich eine Phase der Reflexion der Prozesse an.

Acht Fragestellungen zur Reflexion

1. An welchen Stellen kann das Team seine Arbeitsweisen noch effektiver und effizienter gestalten?

2. Wie können die Stärken von Kolleginnen optimal genutzt werden?

3. An welchen Stellen ist die Unterstützung von externen Personen hilfreich gewesen oder könnte für zukünftige Prozesse hilfreich sein?

4. Welche Erfahrungen sind übertragbar auf andere Arbeitsfelder in einer Tagesstätte? Aus welchen Erfahrungen lernt das Team für weitere Prozesse?

5. Welche Auswirkungen haben intensive Arbeitseinheiten auf das Arbeitsklima?

6. Was würde das Team künftig ändern?

7. Womit sind die einzelnen Fachkräfte zufrieden bzw. unzufrieden?

8. Welche zusätzlichen Kompetenzen hat die einzelne Fachkraft dazugewonnen?

Die Reflexion sollte in jedem Fall im Gesamtteam durchgeführt werden. In dem einen oder anderen Fall bietet es sich an, Trägervertreter oder Fachberatung zur abschließenden Reflexionsrunde einzuladen.

Am Ende des gesamten Prozesses sollten die Ergebnisse in Form eines Standards gesichert werden. Der Standard repräsentiert die Arbeitsweise der Einrichtung hinsichtlich des bearbeiteten Aspektes, z. B. Beobachtung oder Dokumentation. Die Entwicklung des Standards ist auf Einrichtungsebene ebenso wie auf Trägerebene langfristig unumgänglich, da dieser zur Außendarstellung und zur Selbstvergewisserung die wichtige Funktion einer transparenten Kommunikation übernimmt.

1.4 Dokumentation

1.4.1 Zielformulierungen

Ein Thema, das in diesem Buch lediglich am Rande bearbeitet werden kann, ist die Unterstützung im Prozess durch die Formulierung von Zielen. Um in einem so umfangreichen Prozess wie diesem nicht den Überblick zu verlieren, können formulierte Ziele helfen. Sie unterstützen bei der Überprüfung der Etappen des Prozesses.

An Hand der unten aufgeführten SMART-Formel, lassen sich Teilziele mit geringem Aufwand auf ihre Verwendbarkeit und Brauchbarkeit überprüfen. Nur wenn alle fünf Aspekte positiv beantwortet werden können, sollte das Ziel in der bestehenden Formulierung bestehen bleiben, ansonsten empfiehlt es sich, das Ziel nachzubessern. Die Anwendung der SMART-Formel sollte im günstigsten Fall von einer Person durchgeführt werden, die an der Formulierung des Ziels nicht beteiligt war, aber über genügend Insiderwissen verfügt.

Abschließend sollen noch drei unterschiedliche Zieltypen besprochen werden:

Erhaltensziele

Während der Beschäftigung mit den Basiskompetenzen werden Teams feststellen, dass sie bereits Methoden und Verfahren sowie Kompetenzen in diesen Bereichen in der Einrichtung verfügbar haben. Es wäre sehr ineffizient, diese Bereiche er-

SMART-FORMEL ZUR ÜBERPRÜFUNG VON TEILZIELEN

Ein hilfreiches Instrument hierbei ist die **SMART-Formel**. Sie ist ein Instrument, mit dessen Hilfe Teams ihren eigenen Arbeitsweg und die Erreichung von Teilzielen (Etappen) effektiv und gesichert überprüfen können. SMART steht für:

S – spezifisch – Ist in dem Ziel genügend Detailinformation gegeben, damit für andere nachvollziehbar ist, was genau der Gegenstand des Zieles ist?

M – messbar – Ist das Ziel überprüfbar? Ist feststellbar, ob das Ziel erreicht worden ist bzw. kann man prognostizieren, ob es erreichbar ist?

A – akzeptabel – Wird das Ziel von den Fachkräften gemeinsam als sinnvolles und fachlich bedeutsames Ziel identifiziert? Können sich die Fachkräfte mit den Inhalten des Ziels professionell identifizieren?

R – realistisch – Ist das Ziel mit den zur Verfügung stehenden Ressourcen (Finanzen, Personal, Zeit, Arbeitsbelastung) ein erreichbares Ziel? Oder ist es eher ein Wunschziel, das zur Zeit nicht umsetzbar und erreichbar ist? Ist das Ziel aus eigener Kraft erreichbar?

T – terminiert – Ist die Erreichung des Ziels zeitlich fixiert? Gibt es ein Datum, bis zu dem das Ziel erreicht sein muss?

neut durch ein systematisches Verfahren zu bearbeiten und zu bestätigen. Vielmehr zeigt sich in der Orientierungsphase beispielsweise, welche Methoden der Beobachtung bereits Bestandteil der Einrichtungskonzeption sind. Da diese bereits in der Praxis systematisch und kontinuierlich angewendet werden, können sie in einem Erhaltensziel formuliert werden. Erhaltensziele dienen im weitesten Sinne der Qualitätssicherung.

In einem Erhaltensziel wird also eine bereits fachlich fundierte Qualität der pädagogischen Arbeit beschrieben. Die schriftliche Fixierung der schon eingesetzten Methoden und Verfahren beschreibt später mit den Veränderungszielen ein umfassendes Bild der Einrichtung.

Veränderungsziele

Im Gegensatz zu den Erhaltenszielen werden in Veränderungszielen Inhalte beschrieben, die noch nicht erreicht sind, aus fachlicher Sicht aber erreicht werden sollten. In einem Veränderungsziel ist das Ergebnis eines gemeinsamen Arbeitsprozesses niedergeschrieben. Ein Team setzt sich mit einem Veränderungsziel eine »Marke«, die es erreichen möchte.

Veränderungsziele geben den Fachkräften im Team Orientierung über die nächsten Arbeitsschritte und Aufgaben. Sie schaffen für alle Beteiligten Transparenz, Klarheit und Verbindlichkeit und dienen der Qualitätsentwicklung.

Persönliche oder individuelle Ziele

Neben Zielen, die für die Einrichtung entwickelt werden, sollten auch persönliche oder individuelle Ziele für die einzelnen Fachkräfte bearbeitet werden. Eine Möglichkeit der individuellen Zielentwicklung liegt bei den Fachkräften selbst, indem sie im laufenden Prozess ihre eigenen Bedarfe erkennen und sich selber Ziele formulieren, die sie erreichen möchten, um ihre Arbeit zu optimieren. Eine weitere Möglichkeit liegt in Personalentwicklungsgesprächen, in denen Leiterin und Fachkraft gemeinsam Perspektiven der persönlichen Entwicklung diskutieren und schriftlich fixieren.

Durch die Entwicklung persönlicher oder individueller Ziele qualifizieren sich Fachkräfte in spezifischen Aspekten der Handlungskompetenzen auf eine sehr individuelle Weise. Sie können gezielt eigene Handlungen hinterfragen und neue Perspektiven sowie Handlungsalternativen entwickeln und umsetzen.

1.4.2 Prozessdokumentation

Eine weitere Form der Dokumentation ist die Prozessdokumentation. Im weiteren Verständnis von Dokumentation können auch die Zielvereinbarungen als Dokumentation des Prozesses verstanden werden, sie haben aber aufgrund ihrer hohen Relevanz in diesem System eine herausgestellte Bedeutung.

Unter Prozessdokumentation ist vor allem die Protokollierung der einzelnen Arbeitsschritte zu verstehen. Das heißt, dass es zu jedem Arbeitsschritt ein Protokoll über den Verlauf, die Aufgaben und die Verantwortlichkeiten geben muss. Ein Protokoll schafft Verbindlichkeit und Transparenz für alle Beteiligten. Protokolle helfen, einen komplexen Prozess zu rekonstruieren und gegebenenfalls für die Reflexion greibar zu machen.

Darüber hinaus schafft jede Form der Dokumentation gegenüber dem Träger und den Eltern ein vertrauensvolles Miteinander, da Arbeitsschritte und Entscheidungen kommuniziert und gegebenenfalls eingesehen werden können.

1. In welchem Modul soll das Ziel formuliert werden?

Beobachten Dokumentieren Planen (zum Ankreuzen)

2. Geben Sie dem Ziel eine Nummer!

(*Beispiel:* B001, für das erste Beobachtungsziel oder
D005, für das fünfte Dokumentationsziel oder P007, für das siebte Planungsziel)

3. Verweist dieses Ziel auf ein anderes entwickeltes Ziel oder verweist ein anderes Ziel auf dieses Ziel? Nummer des Ziels:

4. Benennen Sie das Ziel und prüfen Sie es mit der SMART-Formel!

Spezifisch

Messbar

Akzeptabel

Realistisch

Terminiert

5. Wann soll das Ziel in die Praxis umgesetzt sein?

Datum:

6. Benennen Sie gegebenenfalls Teilziele dieses Ziels! Prüfen Sie dieses anhand der SMART-Formel!

1. Teilziel

S
M
A
R
T

Datum:

2. Teilziel

S
M
A
R
T

Datum:

3. Teilziel

S
M
A
R
T

Datum:

ZIELENTWICKLUNG

7. **Beschreiben Sie kurz Ihre Umsetzungsstrategie!**

8. **Benennen Sie die beteiligten Personen und legen Sie eine Person fest, die für die Einhaltung dieser Zielentwicklung verantwortlich ist.**

Beteiligte Personen:

Verantwortliche Person:

9. **Diese Zielentwicklung ist gültig für folgende Gruppen in der Einrichtung**:

10. **Falls für die Umsetzung des Ziels/der Ziele Ressourcen benötigt werden, benennen Sie diese und beschreiben Sie die Sicherstellung der Ressourcen!**

Benötigte Ressource: Sichergestellt durch:

11. **Gibt es bereits einen Standard in der Einrichtung, auf den sich das Ziel bezieht?**

Benennung des Standards:

12. **Unterschriften**

CHECKLISTE

Beobachtung pädagogischer Situationen und Prozesse

Beobachtung ist nie etwas Statisches und Einmaliges. Das ergibt sich allein schon aus der Tatsache, dass Kinder beobachtet werden, die sich in einem Entwicklungsfluss befinden. Beobachtet man ein Kind oder eine Gruppe über einen längeren Zeitraum, dann wird man zu jedem Beobachtungszeitpunkt unterschiedliche Situationen wahrnehmen können. Je weiter der erste Beobachtungszeitpunkt vom aktuellen entfernt liegt, desto stärker lässt sich eine Veränderung, im Sinne von Entwicklung, beim Kind erkennen.

Der Alltag in einer Kindergruppe findet im Kontext-Kontinuum[1] statt. Die Entwicklungen und Veränderungen einzelner Kinder und der Kindergruppe, aber auch die der pädagogischen Fachkräfte machen es nötig, Beobachtung als kontinuierlichen Prozess zu planen und durchzuführen. Beobachtung wird somit zu einer alltäglichen Aufgabe, die in der Tagesplanung verankert und berücksichtigt werden muss. Daraus ergibt sich, dass der Kontext der Beobachtung je nach aktueller Situation und Perspektive verschieden sein kann.

Der kontinuierliche Beobachtungsprozess ermöglicht Fachkräften, auf ein umfassendes Repertoire an Informationen zu einzelnen Kindern sowie auch zur Gruppe zurückgreifen zu können. Man kann diesen Prozess mit dem Zusammensetzen eines Puzzles vergleichen. Je mehr Puzzleteile zum Bild zusammenfügt werden, desto einfacher ist zu erkennen, welches Motiv zu sehen ist.

Da mit kontinuierlichen Beobachtungsprozessen aber kein Selbstzweck verfolgt wird, sondern die Ergebnisse für die Planung und Gestaltung von pädagogischen Prozessen und Aktivitäten genutzt werden, müssen die Ergebnisse systematisch nutzbar gemacht werden (Modul 3). Pädagogische Planung ist somit kein Prozess, der durch formale Aspekte, Rahmenbedingungen, Bildungsvereinbarungen oder Trägerinteressen bestimmt wird. Es handelt sich um einen Prozess basierend auf der aktuellen Situation der Kinder, Rahmenbedingungen, Bildungsvereinbarungen und Trägerinteressen als Grundlage für die pädagogische Planung. Hieraus entwickelt sich ein am Kind orientiertes pädagogisches Programm.

2.1 Allgemeines zur Beobachtung

Bevor auf die Beobachtungen von Fachkräften in Tageseinrichtungen differenziert eingegangen wird, gehen einige allgemeine Anmerkungen zur Beobachtung voraus.

Beobachtung ist eine zentrale pädagogische Handlungskompetenz von Fachkräften. In der Kleinkindpädagogik kommt der Beobachtung eine wesentliche Rolle zu, da Fachkräfte das Wissen

[1] Kontext-Kontinuum: Veränderungen im Kontext (Veränderungen im Raum) und Kontinuum (Veränderungen während der Zeit).

über Kinder und ihre Lebenswelt hauptsächlich aus Beobachtungen gewinnen. Zwar ist die Zusammenarbeit mit Familien ein wichtiges Element der Einrichtungskonzeption und eine ebenso wichtige Informationsquelle wie die Beobachtungen der Fachkräfte, doch steht sie nicht immer allen Fachkräften, aus unterschiedlichen Gründen, zur Verfügung. Hinzu kommt, dass man mit einer systematischen und kontinuierlichen Beobachtung anders als durch subjektive Schilderungen der Eltern den Vorteil hat, ungefilterte Informationen über Kinder zu erlangen.

Jeder Beobachtungsprozess ist immer auch ein Wahrnehmungsprozess, was bedeutet, dass derjenige, der beobachtet, etwas wahrnehmen, etwas sehen muss. Wahrnehmen wiederum ist ein aktiver Prozess. Der Wahrnehmende kann nur etwas wahrnehmen, wenn er sich aktiv oder passiv in einer Situation befindet. Er nimmt also an den Geschehnissen teil, sei es als teilnehmender Beobachter, indem er aktiv an den Prozessen teilnimmt, also interagiert, oder als nicht-teilnehmender Beobachter, indem er sich nicht aktiv an den Prozessen beteiligt, sondern lediglich eine zuschauende (passive) Rolle einnimmt.

Die Einordnung und Bewertung von Beobachtungen steht immer in Beziehung zu den eigenen Wertvorstellungen, Erfahrungen und Erziehungsidealen bzw. -zielen der Fachkräfte. Eine beobachtete Situation wird zunächst auf den Hintergrund der eigenen Erfahrung eingeordnet, anschließend mit dem zur Verfügung stehenden Wissen bewertet und basierend auf der eigenen (Werte-)Orientierung analysiert. Daraus werden Handlungsalternativen abgeleitet. Liegt diese Folie allen Beobachtungsprozessen zugrunde, dann bedeutet dies aber auch, dass Beobachtungsprozesse erst einmal nicht objektiv sein können, da die Geschehnisse stets den eigenen Bewertungen unterliegen. Der Unterschied von alltäglichen Beobachtungen, die alle Menschen täglich machen, und professionellen Beobachtungen liegt darin, dass die Beobachter in professionellen Kontexten sich von der Folie der Bewertungen auf der Grundlage der eigenen Orientierung und der eigenen Erfahrungen lösen müssen. Für sie ist der Beobachtungsprozess zunächst einmal lediglich beschreibend. Das bedeutet, dass auf alle interpretierenden Merkmale verzichtet wird und lediglich eine möglichst neutrale Beschreibung der Geschehnisse nötig ist. Erst nach der neutralen Beschreibung wird das Geschehen anhand von Erfahrungen und fachlichem Wissen analysiert und aus der Analyse heraus eine Prozessgestaltung bzw. eine Intervention entwickelt.

Beobachtungen sind Ausschnitte eines komplexen Geschehens. Meistens ist es den Beobachtern nicht möglich, eine Szene von Beginn bis zum Ende wahrzunehmen, sodass sie lediglich einen Ausschnitt der Szene beobachten können. Oftmals fehlt auch das Wissen um den situativen Kontext, der der eigentlichen Szene vorausgegangen ist. Alle diese Einschränkungen verdeutlichen, dass die Interpretation des Beobachteten immer sehr vorsichtig vorgenommen werden muss. Situationen und Verhalten richtig einzuschätzen ist dann zuverlässig, wenn dem Beobachter eine Vielzahl von Beobachtungen über einen längeren Zeitraum zur Verfügung stehen. Gewinnbringend ist es ebenfalls, wenn die Möglichkeit besteht, verschiedene Perspektiven der Beobachtung in die Interpretation einzubeziehen. Für professionelle Beobachter ist es wichtig, die Perspektiven der Beteiligten einnehmen zu können.

Professionelle Beobachtungen sind systematische und kontinuierliche Prozesse. Der Unterschied zwischen ihnen und zufälligen Beobachtungen liegt darin, dass systematische Beobachtungen absichtsvoll und geplant sind. Beobachtungen von pädagogischen Prozessen und Kindern sind geplante Aktivitäten der Fachkräfte. Sie sind zielorientiert und haben im Tagsablauf ihren festen Ort und ihr festgelegtes Zeitfenster.

2.2 Beobachtungen in Tageseinrichtungen

Für die Arbeit in Tageseinrichtungen lassen sich folgende Aspekte hinsichtlich der Beobachtung von pädagogischen Prozessen und der Kinder festhalten:

2.2.1 Bedeutung durch Beobachtung

Kinder gestalten Bildungsprozesse aktiv, sie sind die Gestalter ihrer eigenen Bildungsprozesse und zwar von Anfang an. Beobachtungen helfen den Fachkräften, Informationen über Kinder zu gewinnen und sind für eine anregende und optimale Gestaltung der Lernumgebung ebenso zu nutzen wie für gezielte und individuelle Lernangebote. **Durch gezielte Beobachtungen erlangen Fachkräfte detaillierte Informationen über die subjektiven Strategien und Absichten der Kinder.** Diese wiederum erweitern das Verständnis für die Handlungen der Kinder und ermöglichen eine Perspektivenübernahme durch die Fachkräfte. Die Übernahme der Perspektive bedeutet nichts anderes, als mit dem kindlichen Blick auf die Dinge zu schauen. Die beobachteten Szenen liefern ein fundiertes Basiswissen über die Kinder der Gruppe und ermöglichen eine effiziente und effektive Planung und Umsetzung von pädagogischen Prozessen und Aktivitäten.

2.2.2 Pädagogischer Nutzen durch Beobachtungen

Der zunächst einmal offensichtliche Nutzen durch Beobachtungen ist der Gewinn an Informationen über das Verhalten von Kindern in ganz unterschiedlichen Situationen. Fachkräften, die kontinuierlich beobachten, eröffnet sich eine Vielzahl von Situationen in unterschiedlichen Kontexten, deren Ergebnisse die »(Teil-)Geschichte« eines Kindes bzw. einer Gruppe erzählen. Durch die Kontinuität der Beobachtung sind aber auch die Veränderungen – sprich Entwicklungen – der Kinder, die sich meistens in kleinen, kaum wahrnehmbaren Schritten vollziehen, nachzuvollziehen. Fachkräfte, die über einen großen Fundus an Beobachtungsaufzeichnungen verfügen, können Kinder vom ersten bis zum letzten Tag der Kindergartenzeit umfassend in ihrem Entwicklungsprozess beschreiben.

Ein weiterer sehr offensichtlicher Nutzen ist die Optimierung von Angeboten, basierend auf den Fähig- und Fertigkeiten, Interessen, Wünschen und Bedürfnissen der Kinder.

Die Fachkräfte erfahren durch Beobachtungen, wie Kinder sich im Alltag »bewegen«, was sie spielen, mit wem sie spielen, wo und wie sie spielen und wie sie anderen Kindern und Erwachsenen begegnen. Sie lernen den Blickwinkel der Kinder dadurch besser zu verstehen, und lernen Kinder in unterschiedlichen – positiven wie negativen – Situationen besser kennen. Die Handlungen der Kinder werden in Verbindung mit entwicklungspsychologischem Wissen zu erklärbarem Verhalten. Somit lernen Fachkräfte auch, Situationen und Handlungen besser einzuschätzen und auszuhalten. Frühzeitiges Eingreifen, Helfen und Lenken von Situationen, die aus dem Ruder zu laufen scheinen, wird durch das Verständnis über diesen Prozess unnötig.

2.2.3 Beobachtungsmethodik

Es gibt eine Vielzahl von Beobachtungsmethoden, die für den Bereich der Kindertagesbetreuung nutzbar sind.

M *Wichtig für die Methodenauswahl:*

- Die ausgewählte Methode muss im Verhältnis zum gewünschten Ergebnis stehen. Damit ist gemeint, dass die Methode vom personellen, zeitlichen und finanziellen Einsatz her im Verhältnis zu den gewonnenen Informationen steht.
- Die Methode darf die Kinder in ihrem Spiel nicht stören, indem die Fachkraft beispielsweise eine Szene unterbricht, um sich Notizen zu machen oder in das Spiel der Kinder eingreift.
- Die Methode ist entweder nicht-teilnehmend, die Fachkraft ist nicht im Spiel- und Interaktionsgeschehen involviert, oder sie ist involviert, dann handelt es sich um eine teilnehmende Beobachtung. Zwischen den beiden Methoden zu wechseln, würde die Situation verzerren.
- Die Aufzeichnung der Beobachtungssequenz muss für jede Fachkraft leistbar sein. Die Methode muss einfach zu verstehen sein und der Aufwand der Niederschrift zeitlich gering.
- Die Beobachtungsequenzen sollten in der Regel eher öfter, aber dafür kürzer sein. Lange Sequenzen fokussieren den Blick zu sehr auf Weniges und »beschlagnahmen« die Fachkraft lange. In dieser Zeit steht sie den anderen Kindern als Partnerin nur sehr bedingt zur Verfügung.
- Die Auswahl der Methoden und Verfahren sollte für die ganze Einrichtung repräsentativ sein.

Für welche Methoden und Verfahren sich ein Team entscheidet, hängt von vielen Faktoren ab. Es ist nicht Ziel dieses Leitfadens, eine bestimmte Methode bzw. ein bestimmtes Verfahren besonders zu empfehlen. Vielmehr geht es darum, die Beobachtung als pädagogische Handlungskompetenz bei den Fachkräften zu verankern. Dabei spielt es keine Rolle, ob Teams sich für Kuno Bellers Entwicklungstabellen, »Grenzsteine der Entwicklung«, den »Baum der Erkenntnis«, die »Leuvener Engagiertheitsskala«, den »Gelsenkirchener Entwicklungsbegleiter« oder sonstige Verfahren entscheiden. Viel wichtiger ist es, dass die Methode bzw. das Verfahren dem Thema der Beobachtung gerecht wird. Ein Beobachtungsbogen zu sprachlichen Fähigkeiten, wie beispielsweise das BISC (Bielefelder Sprachscreening), ist nur dann sinnvoll, wenn Fachkräfte auch die sprachlichen Kompetenzen der Kinder beobachten und einschätzen möchten. Bei einem hohen Anteil von Kindern aus anderen kulturellen und sprachlichen Kontexten, muss man sich eventuell für SISMIK (Sprachverhalten und Interesse an Sprache bei Migrantenkinder im Kindergarten) entscheiden.

2.2.4 Konstruktivistische Erkenntnisse und Neurobiologie

Schon in den 20er-Jahren des letzten Jahrhunderts, wies J. Piaget darauf hin, dass Erkenntnis- und Aneignungsprozesse nicht passiver Art sind, sondern, dass das Kind sein Wissen selbst konstruiert. Durch einen ständigen Prozess des »In-Frage-Stellens« des eigenen Weltwissens mit den immer wieder neuen Erfahrungen in der sozialen Umwelt, lernt das Kind hinzu. Die Erkenntnismöglichkeiten, die ein Kind hat, wachsen mit der Anzahl der sozialen Interaktionen und Situationen. Das Kind hat in diesen Situationen die Möglichkeit zu erkennen, zu vergleichen und zu verstehen. Auch andere Psychologen und Pädagogen argumentierten ähnlich wie Piaget. Insbesondere sei hier noch Lew Wygotski erwähnt, der den Menschen ebenfalls als Gestalter seiner Lernprozesse versteht. Besonderes Augenmerk legt Wygotski auf die Tatsache, dass Kinder die Bedeutung der Dinge und der Welt nicht einfach von den Erwachsenen übernehmen, sondern im eigenen Handeln, in Interaktions- und Kommunikationsprozessen erfahren. Hier spielen, ebenso wie bei Piaget, die eigenen Auseinandersetzungen und Handlungen eine entscheidende Rolle für die Bildungsprozesse.

Beide sehen die Notwendigkeit, dass der Erzieher ein kompetenter Partner sein muss, der diese Aneignungs- und Bildungsprozess begleitet. Das heißt, dass pädagogische Fachkräfte über Wissen frühkindlicher Entwicklungsphasen bzw. -schritte verfügen müssen, um notwendige Förderung und Begleitung effizient und effektiv gestalten zu können.

Diese frühen Erkenntnisse werden durch neuere neurobiologische Befunde der Hirnforschung bestätigt. Lernprozesse sind aus Sicht der Neurobiologie individuelle Prozesse, die in bestimmten Zeitintervallen verlaufen. Kinder eines Alters verfügen somit nicht zwangsläufig über die gleichen Kompetenzen. **Vielmehr besitzen Kinder unterschiedliche Geschwindigkeiten und Schwerpunkte im Lernprozess, sodass davon auszugehen ist, dass die Fähig- und Fertigkeiten, Interessen, Bedürfnisse und Themen der Kinder variieren.** Fachkräften kommt hierbei die Rolle zu, Lernsituationen und -umgebungen so zu gestalten, dass den Kindern eine optimale Grundlage zur individuellen Entwicklung zur Verfügung steht.

2.2.5 Ergebnisse von Beobachtungen zur Planung von Bildungs- und Erziehungsprozessen

Zur effizienten Gestaltung von Bildungs- und Erziehungsprozessen in Tageseinrichtungen ist es notwendig, Wissen über Fähig- und Fertigkeiten, Interessen, Bedürfnisse und Themen der Kinder zu besitzen. Dieses Wissen gewinnt man in erster Linie durch Beobachtungen der Kinder im Alltag – in Spiel- und Lernsituationen. Je mehr Informationen den Fachkräften über einzelne Kinder, Kleingruppen und Gruppen für die Planung zur Verfügung stehen, desto effizienter und effektiver können zielgenau pädagogische Bildungsprozesse und -aktivitäten geplant und umgesetzt werden.

2.2.6 Beobachtung als Bestandteil der Einrichtungskonzeption

Wenn Beobachtungsprozesse Grundlage für die Planung von Bildungs- und Erziehungsprozessen sind, dann müssen sie systematisch und kontinuierlich durchgeführt werden. Dieses wird durch die Verankerung in die Konzeption sichergestellt. So entsteht im Laufe der Zeit eine zuverlässige und vertiefte Wissensbasis über Kinder, die für die Planung fundierte Informationen enthält. Die Verankerung von Beobachtung als Bestandteil der Konzeption, stellt auch die Bedeutung eben dieser Prozesse heraus.

2.2.7 Beobachtung und Perspektive aus Kinder- und Elternsicht

Die Beobachtung einer Szene bzw. einer Sequenz gibt immer nur einen kurzen, subjektiven Einblick in das Geschehene. Niemals ist dieser Blick allumfassend und objektiv. Professionelles Beobachten verlangt aber gerade einen möglichst objektiven, unvoreingenommenen Blick auf das Geschehene, um möglichst viele Informationen über die Handelnden in die Deutung dieser Szene einfließen zu lassen.

Fachkräfte müssen sich in Beobachtungsprozessen über die eigene Perspektive und die Tatsache, dass diese tendenziell subjektiv ist, bewusst werden und dies berücksichtigen.

Die Einbeziehung der elterlichen und kindlichen Perspektive ist ein zentraler Schritt, um die richtigen Deutungen aus den Beobachtungsergebnissen zu ziehen. Herauszufinden, welche Dinge des alltäglichen Lebens Kinder interessieren und beschäftigen, welche Fragen sich Kinder stellen und welche Themen sie interessieren, sind spannende Aspekte der Übernahme einer kindlichen Perspektive durch die Fachkraft. Ebensolche Fragen lassen sich auch im Hinblick auf die elterliche Perspektive stellen. Eltern sehen ihr Kind unter familiären Lebensbedingungen, das heißt, sie wissen, wie das Kind außerhalb der Einrichtung lebt und was es interessiert. Sie sind Experten für das eigene Kind und ergänzen das Fachwissen von pädagogischen Fachkräften durch ihre eigene Perspektive. **Die Synergieeffekte dieser drei Perspektiven für einen optimalen Erziehungs- und Bildungsprozess liegen gerade in der unterschiedlichen Art, auf die Dinge zu schauen und sie jeweils im eigenen Kontext zu interpretieren.** Fachkräfte haben hier vor allem die Aufgabe, dieses in das eigene Handlungskonzept systematisch zu integrieren und nutzbar zu machen.

2.2.8 Inhalte von Beobachtungsprozessen

Im Alltag einer Tageseinrichtung gibt es unzählige interessante und einmalige Gelegenheiten, die Kinder einer Gruppe kennenzulernen, indem man sich Zeit für Beobachtung nimmt. Unzählige Spielsituationen, Interaktionen, kleinere und größere Streitigkeiten, Aushandlungsprozesse, Versuche, Dinge, Vorgänge und Spiele zu verstehen und zu »beherrschen«, erste Worte, erste Schritte, Wut, Freude, Trauer und vieles mehr, gehören zur Tagesordnung. Alles beobachten zu können ist ein Unterfangen, das zum Scheitern verurteilt wäre. Aber durch gezielte, systematische Beobachtungen wird es möglich, einen Ausschnitt all dieser Begebenheiten zu bekommen. Dieser Ausschnitt sollte nicht zufällig entstehen. Der Fokus von Beobachtungen und auch die Auswahl der Beobachtungstechniken und -instrumente sollten in Teams und zwischen den Fachkräften einer Gruppe klar benannt sein. Systematische und kontinuierliche Beobachtung bedarf in jedem Fall einer guten, fundierten Planung. Zunächst soll der Fokus unserer Betrachtungen auf die Themen von Beobachtung gelegt werden, bevor dann im anschließenden Kapitel ein methodischer Zugang entwickelt wird.

2.2.9 Beobachtung von sozialen, emotionalen, sprachlichen und kognitiven Fertigkeiten und Fähigkeiten

Ein zentrales Thema ist die Beobachtung von sozialen, emotionalen, sprachlichen und kognitiven Kompetenzen. Diese vier Entwicklungsbereiche, die sowohl in der Entwicklungspsychologie als auch in den Bildungsvereinbarungen eine zentrale Stellung einnehmen, haben auch für die Gestaltung von pädagogischen Prozessen und Aktivitäten eine wichtige Bedeutung. Die Planung eines kindorientierten Angebotes ist maßgeblich an die Kompetenzen und Interessen der Kinder geknüpft, d.h., dass ein jegliches Angebot zur Förderung nur dann effektiv sein kann, wenn Fachkräfte sich an diesen Aspekten der kindlichen Entwicklung orientieren.

Zur besseren Erläuterung dieser vier Bereiche gibt es an dieser Stelle einen kleinen entwicklungspsychologischen Exkurs:

? *Welche Entwicklungsbereiche prägen die Beobachtung?*

Kognitive Entwicklung

Mit dem Begriff der kognitiven Entwicklung wird in der Fachwissenschaft viel antizipiert. In Präambeln oder Begriffsdefinitionen wird Kognition vielfach als ein Komplex von Wahrnehmung, Denken, Erkennen und Erinnern bezeichnet. Unter kognitiven Prozessen kann man in der Regel alle Prozesse verstehen, in denen ein Individuum handelt und lernt, also fast alle Prozesse des täglichen Lebens. Die Entwicklung von Denkprozessen gehört ebenso dazu wie begriffliches Wissen, logisches Denken, Regelverständnis, Problemlösen, aber auch Bereiche wie Wahrnehmung und Psychomotorik sind darunter zu fassen.

Für die Arbeit in Kindertageseinrichtungen liegt der Fokus der kognitiven Entwicklung im Wesentlichen auf der Entwicklung von Begriffen, kategorialem Denken, Problemlösung und Entwicklung von Strategien, naturwissenschaftlichem und mathematischem Denken. Dass alle diese Aspekte für eine effiziente Umsetzung von Bildungs- und Erziehungsprozessen eine wichtige Rolle spielen, lässt schon ein Blick auf die Kompetenzen, die für den schulischen Bildungsprozess wichtig sind, erahnen.

Die Entwicklung der Intelligenz nach Piaget ist ein kontinuierlicher Prozess der Anpassung und der Auseinandersetzung mit und in der Umwelt. Piaget teilt diesen Prozess in vier Hauptstadien der geistigen Entwicklung ein:

Im **sensomotorischem Stadium** der Entwicklung ist die zunehmende Fähigkeit des Kindes einfache Wahrnehmungstätigkeiten und einfache Handlungen bzw. Tätigkeiten durchführen zu können beschrieben (1. bis 2. Lebensjahr).

Im **voroperativen Stadium** steht vor allem das Erlernen von sprachlichen Formen im Vordergrund (3. bis 5. Lebensjahr). Später, in der intuitiven Phase dieses Stadiums (5. bis 8. Lebensjahr), entwickelt sich beim Kind ein stärkeres logisches und rationales Verständnis. Kinder fangen an, Kategorien zu bilden, Zuordnungen vorzunehmen und sie jonglieren immer stärker mit Buchstaben, Formen und Zahlen.

In den beiden verbleibenden Stadien, in denen die Kinder das Kindergartenalter aber bereits verlassen haben, lernen die Kinder verschiedene komplexere logische Denkabläufe umzusetzen und logische Operationen nachzuempfinden (**konkret-operatives Stadium**, 8. bis 12. Lebensjahr) sowie logisches Denken abstrakt umzusetzen. Kinder können Hypothesen bilden und beginnen Handlungen und Inhalte zu interpretieren (**formal-operatives Stadium**, 11. bis 14. Lebensjahr).

Sprachliche Entwicklung und Kommunikation

Neben der kognitiven Entwicklung ist die sprachliche Entwicklung von Kindern ein weiterer sehr zentraler Baustein. In den Tageseinrichtungen machen Kinder in der Regel ihre ersten institutionellen Erfahrungen mit anderen Menschen. Alle Kinder lernen während der Kindergartenzeit sprechen. Zu Beginn dieser Zeit können sie zum Teil aufgrund ihres Alters noch nicht sprechen oder sie kommen aus Familien mit anderen Herkunftssprachen und hatten noch keinen Kontakt zu deutschsprachigen Familien. In beiden Fällen ist die Förderung der sprachlichen Entwicklung eine echte Herausforderung für Fachkräfte. Selbst Kinder, die schon sprechen konnten, als sie in eine Einrichtung kamen, werden in dieser Zeit eine Menge neuer sprachlicher Kompetenzen hinzugewinnen. Jeder, der in der Praxis steht, kennt die unterschiedlichen Phasen der sprachlichen Entwicklung, die ein Kind vom Säugling bis zum Vorschulkind durchläuft. **Schon lange bevor Kinder ihre ersten Worte sprechen, entwickeln sie ein linguistisches Verständnis von Sprache** (phonologische Bewusstheit). Sie sind in der Lage, menschliche Laute von anderen Lauten zu unterscheiden und können im weiteren Entwicklungsverlauf Laute ihrer Muttersprache von denen anderer Sprachen unterscheiden, dabei orientieren sie sich z. B. an der Tonhöhe, der Betonung, der Lautstärke. Säuglinge jauchzen, glucksen und beginnen lautvoll zu lachen. Mit dem Beginn des zweiten Lebensjahres beginnen Kinder zunächst erste Worte zu sprechen, später dann Zwei-Wort-Sätze zu formulieren und mit dem Beginn des dritten Lebensjahres verfügen sie über einen aktiven Wortschatz von ca. 200 Wörtern. Auch die Fähigkeit, syntaktisch korrekte Sätze zu bilden, wächst mit dem Alter der Kinder. **Diese Fähigkeit (das Verständnis von Sprache und über Sprache) wird auch als phonologische Bewusstheit bezeichnet.**

Neben der Fähigkeit, sich sprachlich äußern zu können, bedeutet Spracherwerb auch Kommunikation mit anderen. Es ist nicht nur das Lernen der Sprache mit sprachlicher Entwicklung gemeint, sondern auch die Ebene der Kommunikation. Im Sinne der konstruktivistischen Lerntheorie lernt das Kind in sozialen Bezügen. Für die Entwicklung von Sprache bedeutet das, dass Kinder Sprache durch sprechen lernen. Also durch reden, mitteilen und diskutieren mit anderen Menschen. Kinder können ihre Bedürfnisse, Wünsche, Sorgen, Ängste, Freude und viele andere Dinge durch Worte zum Ausdruck bringen. Die Sprache bekommt somit eine wichtige Funktion im Sinne des Aufbaus von kommunikativen Strukturen in einer Gruppe. Paul Watzlawik hat in seiner Theorie über Kommunikation sinngemäß folgendes geschrieben: Kommunikation ist ein Teil der Interaktion, wobei Interaktion den wechselseitigen Ablauf eines Geschehens zwischen zwei oder mehreren Individuen bezeichnet.

Watzlawik analysiert die menschliche Kommunikation und stellt dazu fünf pragmatische Axiome auf, wovon das erste lautet: »Man kann nicht nicht kommunizieren«. Dieses Axiom macht deutlich, welchen Stellenwert die Sprache im kommunikativen Sinne einnimmt. Es gibt also keine interaktiven Situationen, in denen nicht kommuniziert wird, weder unter Kindern noch zwischen Kindern und Erwachsenen.

Sozial-emotionale Entwicklung

Dieser Bereich ist ein sehr vielfältiger Bereich, denn zu ihm sind viele unterschiedliche Aspekte zu zählen. Neben den sozialen Kompetenzen, wie beispielsweise der Umgang mit Konflikten, Aushandlungsprozesse steuern, unterschiedliche Meinungen akzeptieren, aber auch vermitteln, gemeinsames Spielen, zählt hierzu auch die Entwicklung von moralischen Vorstellungen, wie beispielsweise Gerechtigkeit, Richtig und Falsch, Gut und Böse. Aber auch Geschlechtsidentität, die Auseinandersetzung mit der Rolle als Mädchen oder Junge und die Zuschreibungen von erwünschten und nicht erwünschten Verhaltensweisen spielen in der sozial-emotionalen Entwicklung eine ebenso große Rolle wie die Identitätsfindung und der Aufbau eines Selbstkonzeptes und -bildes.

Das alltägliche Verhalten der Kinder, der Umgang miteinander und vor allem auch der Umgang mit Unterschiedlichkeit und Gleichheit stehen in einer Tageseinrichtung im Mittelpunkt. Kinder beginnen im Kindergartenalter Vorstellungen von Moral zu entwickeln, die sie in ihrem eigenen Handeln und Sprechen deutlich zum Ausdruck bringen und wodurch Gruppenprozesse beeinflusst werden.

Die aufgeführten Aspekte machen noch einmal deutlich, in welchem Spannungsfeld Beobachtungen zur kognitiven, sprachlichen und sozial-emotionalen Entwicklung stattfinden. Viel stärker als zu den weiteren Themen von Beobachtung steht hier die Disposition des einzelnen Kindes im Vordergrund. Fachkräfte sind gefordert, sicheres Wissen in Entwicklungspsychologie mit dem Wissen um die familialen Lebenswelten und individuellen Möglichkeiten in Verbindung zu bringen, um eine optimale Förderung zu ermöglichen. Wie wichtig Beobachtung ist, wird noch einmal deutlich, wenn man sich vor Augen führt, dass die Fähig- und Fertigkeiten der Kinder und deren Entwicklungsgeschichte nicht immer klar und deutlich sichtbar sind, sondern sich aus vielen kleinen Puzzleteilen, Eindrücken, Situationen, Handlungen und Äußerungen zusammensetzen. Gerade in dynamischen Prozessen ist eine systematische und kontinuierliche Beobachtung eine wesentliche Handlungskompetenz.

2.2.10 Beobachtung von Interaktionen in der Gruppe

Neben der Beobachtung von Kompetenzen der Kinder ist die Beobachtung des Interaktionsverhaltens ein weiterer zentraler Aspekt. Mit Interaktion ist neben der sprachlichen Auseinandersetzung auch immer das Handeln in verschiedenen Situationen des Alltags gemeint. Dabei ist die Art und Weise, wie Kinder miteinander in Beziehung stehen, wie sie miteinander umgehen, miteinander reden und miteinander spielen, eine zentrale Größe, die der Fachkraft wichtige Informationen hinsichtlich des sozialen Verhaltens der Kinder gibt. Auf der Basis dieser Beobachtungen erkennen Fachkräfte, welche Kultur des Umgangs in der Gruppe herrscht und ob Kinder in der Lage sind, Auseinandersetzungen und Konflikte eigenständig zu lösen oder ob sie Unterstützung benötigen. Durch kontinuierliche Beobachtung lassen sich die Veränderungen im Verhalten der Kinder nachvollziehen und somit auch die Stärken und Schwächen im Interaktionsverhalten beschreiben.

In altersgemischten Gruppen mit Kindern unter drei Jahren erscheint dieses Beobachtungsthema in einem besonderen Licht. Säuglinge beginnen ihre Interaktion zunächst ohne Worte. Sie kommunizieren durch stimmhafte Laute und Gestik. Dieses zu beobachten und zu beschreiben ist eine sehr herausfordernde Aufgabe für Fachkräfte. Andererseits sind Aufzeichnungen über die ersten Interaktionen von Kindern sehr wertvoll, da sich im Entwicklungsprozess an hand dieser Aufzeichnungen Rückschlüsse auf die allererste Zeit des Besuches der Tageseinrichtung ziehen lassen und Fachkräfte hier die Entwicklung beispielsweise eines eher zurückhaltenden Kindes zu einem aktiven Kind nachzeichnen können.

Jüngere Kinder, die beginnen, sich in ihrem Spiel anderen Kindern zu öffnen und die Welt zu explorieren, bieten einen großen Fundus an Situationen zur Beobachtung. Auch diese Beobachtungen geben für den Entwicklungsverlauf Hinweise. **Im Verlauf der Entwicklungsgeschichte eines Kindes lassen sich durch eine systematische und kontinuierliche Beobachtung Zeitfenster erkennen, in denen sich Kinder besonders aktiv oder passiv in ihrem Interaktionsverhalten zeigen.** Anhand von weiteren Beobachtungen oder Gesprächen mit Eltern, lassen sich beispielsweise gezielte Angebote für Kinder mit einem besonderen Bedarf an Förderung planen und durchführen.

Einen besonderen Platz nehmen hierbei die Konflikte ein. In jeder Gruppe gibt es täglich Konflikte und Streitigkeiten zwischen Kindern. Die Lösungen, die von Kindern in Konfliktsituationen gefunden werden, vermitteln einen Eindruck von den sozialen Kompetenzen. Gelingt es den Kindern, eine konsensuale Lösung zu finden oder fangen die Kinder an, sich gegenseitig zu schlagen. Welche Handlungsalternativen stehen den beteiligten Kindern zur Verfügung und wie gehen die anderen Kinder mit den jeweiligen Konflikten um?

2.2.11 Beobachtung von Spielsituationen, Spielthemen und Spielpartnern

Durch die Beobachtung von Spielsituationen, -themen und -partnern erfahren Fachkräfte viel über die Interessen, Vorlieben und Bedürfnisse, aber auch über die Fähig- und Fertigkeiten von Kindern.

Über Spielsituationen äußern Kinder indirekt ihr Wohlbefinden oder Missbehagen. Sie drücken ihre emotionale Befindlichkeit im Spiel aus, indem sie beispielsweise bestimmte Charaktere einer Rolle übernehmen oder das Thema einer Spielsituation an ihrem Erlebten orientieren. So lassen sich beim Rollenspiel beispielsweise mit der Übernahme der Vaterrolle bestimmte Verhaltensweisen beobachten, die das Kind in seiner Umwelt wahrgenommen hat und nun über das Spiel die eigene Auseinandersetzung zum Ausdruck bringt.

Fachkräfte, die Kinder regelmäßig in Spielsituationen beobachten, bekommen nicht nur Eindrücke über den psychischen Zustand der Kinder, sie erfahren auch eine Menge über deren Fähig- und Fertigkeiten. Bei einem Kind, das auf dem Bauteppich mit Holzbauklötzen einen Turm baut, lässt sich dessen Feinmotorik, Kombinatorik und Koordinationsgeschick ebenso beobachten wie dessen Vorstellung von Formen, Statik und Konstruktion. Für andere Bereiche lassen sich die beobachtbaren Elemente ebenso einfach ableiten.

Über die Spielthemen drücken Kinder einerseits ihre Interessen und Wünsche aus, andererseits setzen sie sich mit bestimmten Themen, die sie beschäftigen, auseinander. Es verbergen sich hier gut erschließbare Informationen über die unterschiedlichen Interessen einzelner Kinder, wie auch von Kleingruppen. Ähnlich wie bei den beobachteten Spielsituationen, lassen sich an hand der Spielthemen Rückschlüsse auf die seelische Befindlichkeit von Kindern ziehen. Natürlich ist bei der Interpretation Vorsicht geboten, um nicht zu einer Übergeneralisierung in der Interpretation nach dem Muster, wenn ein Kind dieses und jenes tut, dann muss es auf jeden Fall das erlebt haben, zu gelangen. Aber durch eine längerfristige Beobachtung lassen sich Puzzleteile sammeln, die ein Bild von einem Kind ergeben. Für die gezielte Förderung und somit für die pädagogische Planung gibt es aus den Beobachtungen jede Menge Impulse.

Wichtige Informationen über die Selbstständigkeit des Kindes gewinnt die Fachkraft ebenfalls hinsichtlich der Frage, inwieweit Kinder ihre Spielsituationen und -partner selbst bestimmen oder sich von anderen Kindern beeinflussen lassen bzw. die Fachkraft um Erlaubnis bitten.

? *Willst du mit mir spielen?*

Auch die Wahl des Spielpartners ist ein wichtiger Bestandteil des Beobachtens. Mit welchen Kindern spielt das Kind überwiegend welche Spiele? Hat das Kind Freunde, mit denen es viele unterschiedliche Spiele spielt oder wechselt das Kind häufig seinen Spielpartner? Inwieweit bezieht das jeweilige Kind die Fachkraft in sein Spiel ein oder fragt es häufig, ob sie mit ihm spielen will? Diese und ähnliche Fragen der Beobachtung helfen das Bild vom Kind zu vervollständigen.

2.2.12 Beobachtung von Materialiennutzung

In engem Zusammenhang mit der Beobachtung des Spiels steht die Beobachtung der Nutzung von Spielmaterialien. Im Wesentlichen gewinnt man hierdurch Informationen über die Attraktivität von Spielmaterialien. Wenn Fachkräfte beobachten, dass manche Spielmaterialien sehr oft und andere kaum genutzt werden, ist es ihre Aufgabe, nach Gründen zu forschen; dieses kann zum Beispiel über Gespräche mit den Kinder geschehen oder in Teambesprechungen. Die Attraktivität des Spielmaterials kann aber auch von strukturellen Merkmalen, wie schlechte Zugänglichkeit oder Beschaffenheit bzw. Unvollständigkeit, beeinflusst sein.

Darüber hinaus gewinnen Fachkräfte durch die Beobachtung einen Überblick darüber, ob für alle Altersgruppen und Fertigkeiten der Kinder genügend abwechslungsreiches Spielzeug vorhanden ist. Dabei ist es wichtig darauf zu achten, dass das Spielmaterial sowohl für die Altersgruppen ebenso wie innerhalb einzelner Fertigkeitsbereiche in genügend großer Anzahl vorhanden ist.

2.2.13 Partizipation und Alltagsgestaltung

Die Beteiligung von Kindern an Prozessen und Abläufen im Alltag ist in den Einrichtungen sehr verschieden stark ausgeprägt.

? *Wie können Kinder am Alltagsleben beteiligt werden?*

Kinder, die verschiedene Aufgaben im Tagesablauf übernehmen; Kinder, die in die Gestaltung der Räume und des Tagesablaufes einbezogen sind; Kinder, die ihre eigenen Interessen im Tagesverlauf umsetzen dürfen und Kinder, die gemeinsam mit Fachkräften Regeln entwerfen und über ihre Perspektiven reden können, sind in der Lage, ihre Persönlichkeit in die Gruppe einfließen zu lassen. Für Fachkräfte ergeben sich viele interessante Hinweise, die zum einen Sozialverhalten hinsichtlich Übernahme von Verantwortung und Gestaltung beschreiben und zum anderen zeigen, inwieweit Kinder selbstständig für ihre Belange einstehen können und diese auch vertreten können. Für die Umsetzung eines individuellen Förderkonzeptes sind dies ganz entscheidende Informationen, die gerade hinsichtlich der Entwicklung eigener Lernstrategien der Kinder eine besondere Bedeutung bekommen.

2.2.14 Weitere Themen von Beobachtung

Es gibt darüber hinaus noch sehr viel mehr Themen, die eine Beobachtung verdienen. Da diese aber zum Teil durch die oben genannten Bereiche bereits abgedeckt sind oder in der Wichtigkeit eher nicht zentral sind, sollen diese lediglich in Kurzform aufgelistet werden. Die nachfolgende Liste ist nicht erschöpfend. In der Praxis lassen sich deutlich mehr Beobachtungsanlässe finden. Mit Blick auf die eigene Gruppe finden Fachkräfte die Themen, die für die Gruppe bedeutsam sind, heraus.

? *Wie lassen sich weitere Themen von Beobachtung erschließen?*

- Wie verhalten sich neue Kinder in der Gruppe?
- Gibt es Unterschiede, die zwischen Mädchen und Jungen feststellbar sind?
- Gibt es besondere Verhaltensweisen von Kindern mit einem anderen kulturellen oder sprachlichen Hintergrund?
- Wie spielen Kinder in den verschiedenen Altersgruppen zusammen?
- Wie sehen die kreativen Kompetenzen der Kinder aus?
- Welche Unterschiede gibt es zwischen den Bedürfnissen der älteren und denen der jüngeren Kindern?
- Gibt es Anführer in der Gruppe?
- Wie ist das Aufräumverhalten?
- Wie bewegen sich welche Kinder?
- Welche Vorlieben haben die Kinder?
- Wie ist das Essverhalten von Kindern?
- Wie ist das Schlafverhalten von Kindern? Haben Kinder im Verlauf des Tages Ruhe- und Rückzugsbedürfnisse?
- Wie verhalten sich Kinder in Pflegesituationen? (insbesondere mit Blick auf jüngere Kinder und Säuglinge)
- Können Kinder helfen und trösten?
- Welche Medien werden von den Kindern bevorzugt?

ÜBERSICHT BEOBACHTUNGSTHEMEN

Zu beobachtende Situationen, Entwicklungs- und Kompetenzbereiche	**Was interessiert mich an diesem Bereich?**	**Was ist beobachtbar?** (Welche Themen, die mich interessieren, kann ich im Alltag beobachten)	**Wie ist es beobachtbar?** (Einzel-oder Gruppenbeobachtung, Spielbeobachtung etc.)	**Wann und in welchen Abschnitten beobachte ich diesen Bereich?**
Sozial				
Emotional				
Sprachlich				
Kognitiv				
Grobmotorisch				
Interaktion				
Spielthemen				
Spielsituationen				
Partizipations-möglichkeiten				
Weitere Themen:				

2.3 Entwicklung eines Beobachtungskonzepts

In diesem Kapitel wird Schritt für Schritt die Erarbeitung eines Beobachtungskonzepts als Modul eines Konzeptes für die Planung und Umsetzung kindorientierter Bildungs- und Erziehungsprozesse vorgestellt. Dabei liegen die unter Punkt 2.2.9 vorgestellten Phasen für Entwicklungsprozesse zugrunde .

Zur Erarbeitung des Beobachtungskonzeptes in einem systematischen und kontinuierlichen Arbeitsprozess sollten sich Teams bis zu sechs Monate Zeit nehmen. Da die Arbeitsprozesse sowohl auf Teamebene wie auch auf Gruppen- und Einzelebene stattfinden, sind verschiedene Zeitintervalle nötig. Wichtig ist es, dass zwischen den einzelnen intensiven Arbeitsphasen Zeit zum »Sackenlassen« und Bewusstwerden bleibt, aber dennoch nicht zu viel Zeit zum »Wieder-Vergessen«.

2.3.1 Orientierungsphase

In der Orientierungsphase bekommen alle Fachkräfte einen Einblick in die derzeit bereits genutzten Methoden und Verfahren der Beobachtung. In kollegialen Beobachtungsprozessen und im Austausch über diese, vertiefen die Fachkräfte ihren Einblick in die anderen Gruppen. Am Ende steht eine Verabredung über die wichtigen Beobachtungsinhalte für die Einrichtung, die dann als Grundlage für die Erarbeitung eines Beobachtungskonzeptes dienen.

M

1. Schritt: Austausch im Plenum über praktizierte Beobachtungsmodelle

Ziele:

1. Die pädagogischen Fachkräfte kennen die Methoden der Kolleginnen und gewinnen einen Überblick über die verschiedenen Methoden und Verfahren der Beobachtung in ihrer Einrichtung .

2. Das Team sammelt Informationen über die Besonderheiten der einzelnen Kindergruppen.

Methode:

Gesprächsrunde

Teilnehmer:

An diesem ersten Schritt nehmen alle pädagogischen Fachkräfte der Einrichtung teil. Der Austausch über die verschiedenen Beobachtungsmodelle findet im Team statt.

Dauer:

Für den Austausch sind je nach Einrichtungsgröße 60–90 Minuten notwendig.

Vorbereitung:

Einige Tage vor der Teamsitzung sollten die Fachkräfte an das Thema erinnert werden. Dabei bekommen die Fachkräfte den Auftrag, sich auf die Präsentation ihrer Beobachtungsmethoden und -verfahren vorzubereiten. Um ein vollständiges Bild zu bekommen, ist es unerlässlich, dass alle Gruppen der Einrichtung sich auf der Teamsitzung präsentieren.

Die Moderatorin bereitet sich auf die erste Teamsitzung insoweit vor, dass sie den zeitlichen Rahmen plant und den jeweiligen Teams genügend Zeit zur Verfügung stellt.

Sie achtet aber auch auf eine zielgerichtete Diskussion, das heißt, dass sie als Moderatorin dafür Sorge trägt, beim Thema zu bleiben.

Durchführung:

1. Die Moderatorin stellt das Ziel dieser Teamsitzung vor, indem sie es für alle Fachkräfte lesbar auf ein Flipchart schreibt. Sie erläutert kurz die Tagesordnung und bittet dann die erste Gruppe mit der Vorstellung ihrer Beobachtungsmethode zu beginnen.

3. Die erste Gruppe stellt ihre Beobachtungsmethoden bzw. -verfahren vor. Keine Gruppe sollte länger als 10 Minuten vortragen. Die Konzentration lässt dann sehr schnell nach und es soll genügend Zeit für einen Austausch da sein. Es folgen dann die weiteren Gruppen der Einrichtung, bis die letzte Gruppe ihre Vorstellung beendet hat.

4. Die Moderatorin fasst die Vorstellung nochmals kurz zusammen und bittet die Fachkräfte, Fragen zu stellen. Wenn es von Seiten der Fachkräfte keine Fragen gibt, dann bittet die Moderatorin das Team, über die Vor- und Nachteile der verschiedenen Methoden zu reden. Dazu wird am Flipchart eine zweispaltige Tabelle angefertigt – eine Spalte für die negativen Äußerungen und eine für die positiven. In diese Tabelle trägt die Moderatorin die jeweiligen Argumente ein.

5. Auf der Grundlage der Tabelle schließt sich die Frage an, welche Bedarfe es in der Einrichtung noch gibt, die durch die bisherigen Methoden und Verfahren nicht berücksichtigt sind. Das Ergebnis dieser Diskussion sollte ebenfalls am Flipchart festgehalten werden.

6. Am Ende der Diskussion gibt es eine Dokumentation über die Vor- und Nachteile der bisher genutzten Methoden und Verfahren sowie eine Liste der Bedarfe und Wünsche.

7. Die Moderatorin schließt diese Sitzung mit einem kurzen Reflexionsblitzlicht, in dem alle Fachkräfte die Möglichkeit haben, ihren Eindruck über die erste Sitzung mitzuteilen. Dieses sollte nicht länger als fünf Minuten dauern.

8. Falls es in der Einrichtung schon ein gemeinsames Beobachtungsverfahren gibt, stellt jede Gruppe vor, wie sie mit diesem Verfahren umgeht.

BEOBACHTUNGSVERFAHRE

Vorteile	**Nachteile**
Umfassende Inhalte	Zu zeitintensiv
Gut zu verstehen	Erfasst nicht die Probleme von Kindern mit anderen Herkunftssprachen
	Kein Modul für jüngere Kinder

M

2. Schritt: Kollegiale Beobachtung mit Austausch

Der zweite Schritt in der Orientierungsphase gliedert sich in drei aufeinander folgende Arbeitsphasen. In der ersten Phase wird die kollegiale Beobachtung vorgestellt und geplant, in der zweiten Phase wird diese durchgeführt und in der dritten Phase findet ein kollegiales Zweiergespräch über die Beobachtung statt.

Ziele:

1. Durch die kollegiale Beobachtung bekommen Fachkräfte einen Einblick in eine andere Gruppe der Einrichtung.

2. In einem kollegialen Zweiergespräch geben Kolleginnen sich untereinander ein fachliches Feedback.

3. Fachkräfte bekommen einen quasi externen Blick auf die Anwendung der Beobachtungsmethoden in einer anderen Gruppe.

4. Die so gemachten Erfahrungen helfen, anschließend ein gemeinsames Einrichtungskonzept zu entwickeln.

Methoden:

Gesprächsrunde, kollegiale Beobachtung und Zweiergespräche

Teilnehmer:

An der ersten Phase des zweiten Schrittes nehmen alle pädagogischen Fachkräfte der Einrichtung teil. Die kollegiale Beobachtung findet dann in Zweierteams statt. Jede Fachkraft wird einmal beobachtet und beobachtet im Gegenzug eine Kollegin. Dabei müssen die »Pärchen« nicht konstant bleiben.

Dauer:

Für die Vorbereitung der kollegialen Beobachtung werden ca. 15–20 Minuten einer Teamsitzung benötigt.

Für die Durchführung der kollegialen Beobachtung werden an einem Morgen ca. 120 bis 180 Minuten pro Fachkraft benötigt, wobei nicht mehr als eine kollegiale Beobachtung pro Tag durchgeführt werden sollte.

Für das anschließende kollegiale Zweiergespräch werden ca. 30 Minuten benötigt. Das Gespräch sollte innerhalb der nächsten drei Tage nach der Beobachtung erfolgen.

Vorbereitung:

Die Moderatorin bereitet sich auf die Einführung der Methode »kollegiale Beobachtung« vor, indem sie sich mit der Methode vertraut macht.

Sie bereitet einen Zeitablauf für die kollegialen Beobachtungen vor. Die Beobachtungstermine sollten insgesamt nahe beieinander liegen.

Rechts sehen Sie, wie ein mögliches Tableau aussehen könnte (in einer Einrichtung mit vier Gruppen und 6 Fachkräften).

	MO	DI	MI	DO	FR	MO
Fachkraft **A**	beobachtet B 9.00 bis 12.00 Uhr	reflektiert mit B 13.30 bis 14.00 Uhr				
Fachkraft **B**			beobachtet C 9.00 bis 12.00 Uhr	reflektiert mit C 13.30 bis 14.00 Uhr		
Fachkraft **C**					beobachtet A 9.00 bis 12.00 Uhr	reflektiert mit A 13.30 bis 14.00 Uhr

	MO	DI	MI	DO	FR	MO	DI
Fachkraft A	beob-achtet B 9.00 bis 12.00 Uhr	reflektiert mit B 13.30 bis 14.00 Uhr					
Fachkraft B			beob-achtet C 9.00 bis 12.00 Uhr	reflektiert mit C 13.30 bis 14.00 Uhr			
Fachkraft C					beob-achtet D 9.00 bis 12.00 Uhr	reflektiert mit D 13.30 bis 14.00 Uhr	
Fachkraft D		beob-achtet E 9.00 bis 12.00 Uhr	reflektiert mit E 13.30 bis 14.00 Uhr				
Fachkraft E				beob-achtet F 9.00 bis 12.00 Uhr	reflektiert mit F 13.30 bis 14.00 Uhr		
Fachkraft F						beob-achtet A 9.00 bis 12.00 Uhr	reflektiert mit A 13.30 bis 14.00 Uhr

In beiden Varianten muss allerdings sichergestellt sein, dass eine Fachkraft niemals eine Kollegin aus der gleichen Gruppe beobachtet. Die Fachkräfte sollen einen Einblick in eine andere Gruppe bekommen. Die Moderatorin bereitet Kopien mit den Leitfragen der kollegialen Beobachtung vor (siehe Durchführung, S. 50).

Durchführung:
Phase 1 – Vorbereitende Teamsitzung

Die Moderatorin stellt in einer kurzen Einführung die Methode der kollegialen Beobachtung vor. Sie weist darauf hin, dass es sich bei der kollegialen Beobachtung nicht um eine Methode zur Bewertung handelt, sondern um eine Reflexionsmöglichkeit unter Kolleginnen eines Teams, mit der Perspektive, gemeinsam etwas zu lernen und zu optimieren (Checkliste Kollegiale Beobachtung).

Ziel der kollegialen Beobachtung ist es, einen Einblick in die pädagogische Arbeit der Kolleginnen zu bekommen. Der Schwerpunkt liegt hierbei auf den Beobachtungen der Kollegin im Vergleich zu den eigenen Beobachtungen. Die Checkliste wird als Dokumentationsgrundlage und Orientierung für die Beobachtung mit zur kollegialen Beobachtung genommen und von beiden Kolleginnen ausgefüllt.

Die beobachtenden Kolleginnen notieren sich unter folgenden sechs Fragen ihre Beobachtungen:

? *6 Fragen zu den Beobachtungen der Kinder*

- Welche Spiele werden von den Kindern häufig gespielt bzw. welche Spielbereiche häufig genutzt, welche Spiele und Spielbereiche wenig?
- Welche Kinder spielen intensiv mit welchen anderen Kindern? Gibt es Kinder, die sich den Vormittag lang alleine beschäftigen?
- Gibt es Konflikte? Welche? Wie wurden sie gelöst?
- Wie sprechen die Kinder miteinander? Wie sprechen sie mit den Fachkräften?
- Gibt es Situationen, in denen die Kinder Hilfe brauchen? Wer hat ihnen geholfen? Welche Lösungen wurden gefunden?
- Sind die Kinder selbstständig? Brauchten die Kinder viel Unterstützung und Anleitung ?

Des Weiteren stellt die Moderatorin drei Grundregeln der kollegialen Beobachtungen vor:

a) **Die Kolleginnen beobachten nicht-teilnehmend,** das heißt, sie greifen nicht in den Alltag ein und sie bewerten während der Beobachtung nicht das Verhalten anderer.

b) **Der Beobachtungsschwerpunkt liegt bei den Kindern,** deren Spiel und deren Sozialverhalten und nicht im Verhalten der Kollegin. Die beobachtende Kollegin hat die Aufgabe, die Kinder zu beobachten, um im späteren Zweiergespräch die beobachteten Szenen miteinander zu besprechen.

c) **Alles Wissen aus der Beobachtungssituation wird nicht an dritte Personen weitergegeben.** Die beobachteten Kolleginnen können somit volles Vertrauen in die Verschwiegenheit der Beobachtenden haben.

Für das anschließende Zweiergespräch sollen folgende Regeln gelten:

- Niemand wird von einer anderen Person zurechtgewiesen oder beschuldigt.
- Es wird nicht das Verhalten beurteilt, sondern Situationen aus dem Alltag beschrieben und diskutiert.
- Nichts vom Gesagten dringt nach außen.

In der Reflexion im Zweiergespräch geben die folgenden Reflexionsfragen eine Orientierung:

Reflexionsfragen:

- Was fiel mir schwer zu beobachten? Was können dafür mögliche Gründe sein?
- Welche Methoden der Beobachtung helfen mir dabei, einen schnellen Eindruck einer Situation bzw. eines Kindes zu gewinnen?
- Welche Faktoren im Alltag stören mich, wenn ich gezielt beobachten möchte?
- Habe ich das Gefühl, wichtige Situationen im Alltag nicht wahrzunehmen? Warum ist das so?

Nach der Einführung bespricht die Moderatorin mit den Kolleginnen die Termine für die kollegiale Beobachtung und das anschließende Zweiergespräch.

Phase 2 – Kollegiale Beobachtung

1. Die Kolleginnen treffen sich wie vereinbart zur kollegialen Beobachtung in der Gruppe. Der Tagesablauf soll so wie immer sein und es sollten keine »besonderen« Aktivitäten wie Turnen, Spaziergänge oder Geburtstagsfeiern stattfinden.
2. Der Schwerpunkt der Beobachtungen liegt, wie durch die Leitfragen vorgegeben, im Spiel und Verhalten der Kinder. Das Verhalten der Kollegin spielt für die Beobachtungen keine Rolle.
3. Die Beobachtende sucht sich einen unauffälligen, nicht störenden Platz, von dem aus sie die Gruppe überblicken kann.
4. Die Abläufe und Strukturen sollten so verlaufen wie immer. Die beiden Kolleginnen tauschen sich während der Beobachtung nicht über irgendwelche Vorkommnisse aus.
5. Natürlich reagiert die Beobachtende auf Kontakte der Kinder. Sie erklärt ihnen aber, dass sie heute nur Zuschauerin ist und nicht mit ihnen spielen kann.
6. In einigen Fällen ist der Wunsch nach einem direkten Austausch da. Wenn es möglich ist, setzen sich die Beteiligten im Anschluss direkt zusammen. Kurze Tür- und Angelgespräche über die Beobachtungen sind aber eher störend, da sie den Sinn des gelenkten Zweiergespräches unterlaufen. Sie sollten deshalb nicht stattfinden.

Phase 3 – Kollegiales Zweiergespräch

1. Die beiden Kolleginnen suchen sich einen geschlossenen Raum, in dem ein ungestörtes Gespräch möglich ist.
2. Die beobachtete Kollegin beginnt das Gespräch. Sie schildert den Morgen aus ihrer Sicht. Dabei ist es wichtig, dass sie sich in ihren Beschreibungen an den Leitfragen (siehe Durchführung – Phase 1) orientiert.
3. Die beobachtende Kollegin ergänzt die Schilderungen der Kollegin jeweils um ihre eigenen Schilderungen, so dass sich nach und nach ein Bild des Morgens aus zwei Perspektiven zusammensetzt.

KOLLEGIALE BEOBACHTUNG

1. Welche Spielbereiche werden von den Kindern an diesem Morgen wie intensiv genutzt?

	Keine Nutzung[1]	Mittlere Nutzung[2]	Intensive Nutzung[3]
Kreativbereich			
Rollenspielbereich			
Bauecke/Konstruktionsbereich			
Leseecke			
Ruhebereich/Kuschelecke			
Bewegungsraum/Turnhalle			
Bereich für Tisch- und Regelspiele			

2. Nennen Sie aus den Spielbereichen, in denen gespielt wird, ein bis zwei Spielthemen der Kinder.

	1. Thema	2. Thema
Kreativbereich		
Rollenspielbereich		
Bauecke/Konstruktionsbereich		
Leseecke		
Ruhebereich/Kuschelecke		
Bewegungsraum/Turnhalle		
Bereich für Tisch- und Regelspiele		

3. Nennen Sie aus den Spielbereichen, in denen gespielt wird, häufig genutzte Spiele bzw. Materialien

	Spiel- und Kreativmaterialien, Spiele und andere Gegenstände
Kreativbereich	
Rollenspielbereich	
Bauecke/Konstruktionsbereich	
Leseecke	
Ruhebereich/Kuschelecke	
Bewegungsraum/Turnhalle	
Bereich für Tisch- und Regelspiele	

CHECKLISTE

[1] **Keine Nutzung** meint, dass in diesem Bereich keine Spielaktivitäten der Kinder stattgefunden haben.
[2] **Mittlere Nutzung** meint, dass **a)** weniger als die Hälfte der Kinder diesen Bereich an diesem Morgen nutzen oder **b)** der Bereich weniger als die Hälfte der Freispielzeit von Kindern genutzt wird.
[3] **Intensive Nutzung** meint, dass **a)** mehr als die Hälfte der Kinder diesen Bereich an diesem Morgen genutzt haben oder **b)** der Bereich länger als die Hälfte der Freispielzeit von Kindern genutzt wird.

4. Welche Kinder spielen mit wem, was und wo?
Wählen sie maximal 2 bis 3 Gruppen aus, die Sie intensiv beobachten.

	1. Gruppe	**2. Gruppe**	**3. Gruppe**
Namen der Kinder			
Spielbereich(e)			
am intensivsten genutzte Materialien/ Spiele			
Spielthemen			
Konflikte (falls welche auftreten) und Lösungsstrategien			

Welche Kinder haben sich den ganzen Vormittag alleine beschäftigt?

Haben Sie während der Beobachtungszeit Konflikte wahrgenommen?

	1. Konflikt	2. Konflikt	3. Konflikt
Beteiligte Kinder			
Thema des Konfliktes			
Lösungsstrategien der Kinder			
Lösung			

CHECKLISTE

Beschreiben Sie mit einigen Stichworten, wie die Kinder miteinander reden.
Notieren Sie in erster Linie Adjektive, die die Art der Kommunikation beschreiben.

Beschreiben Sie mit einigen Stichworten, wie die Kinder mit den Fachkräften reden.
Notieren Sie in erster Linie Adjektive, die die Art der Kommunikation beschreiben.

Beschreiben Sie mit einigen Stichworten, wie die Fachkräfte mit den Kindern reden.
Notieren Sie in erster Linie Adjektive, die die Art der Kommunikation beschreiben.

1. Wie selbstständig sind die Kinder in den folgenden Bereichen?

	nie selbstständig	teils selbstständig	immer selbstständig
Materialauswahl			
Spielbereichsauswahl			
Spielpartnerwahl			
Alltagsgestaltung (z. B. Frühstück, Nutzung des Außengeländes, Aktivitäten)			

	Kind 1	Kind 2	Kind 3
Welche Kinder brauchen Hilfe von den Fachkräften?			
Wobei benötigen sie die Hilfe?			
Welche Hilfe haben sie durch die Fachkräfte bekommen?			

CHECKLISTE

4. Nach der Besprechung der Leitfragen schließt sich eine Reflexionsphase an. Grundlage hierfür sind die Leitfragen zum Zweiergespräch. (siehe Durchführung Phase 1)

5. Die Fachkräfte notieren sich zu den Leitfragen die wichtigsten Ergebnisse für die nächste Teamsitzung.

M *3. Schritt: Plenum zur Diskussion eines Beobachtungskonzepts*

Ziele:

1. Durch die Diskussion im Team sind allen Kolleginnen die Stärken und Schwächen der benutzten Beobachtungsmethoden bzw. -verfahren bekannt.

2. Den Fachkräften sind vorhandene Lücken bekannt und sie wissen, welche Bereiche der Beobachtung in ihrer Einrichtung optimiert bzw. konzipiert werden müssen.

3. Auf der Grundlage der Inhalte der Beobachtung (Punkt 2.2.8) und der Erfahrungen durch die kollegiale Beobachtung werden Beobachtungsthemen für die Einrichtung benannt.

4. Einzelne Fachkräfte recherchieren verschiedene Beobachtungsverfahren und -methoden.

Methode:

Gesprächsrunde, Kleingruppenarbeit, Einzelrecherchen

Teilnehmer:

An der Teamsitzung nehmen alle pädagogischen Fachkräfte der Einrichtung teil. Die Recherchen werden von einzelnen Fachkräften oder von Zweierteams durchgeführt, dabei wäre es wünschenswert, wenn alle Fachkräfte mindestens einen Rechercheauftrag erhielten.

Dauer:

Für die Analyse sind je nach Einrichtungsgröße 60–90 Minuten notwendig.

Die Recherchen dauern je nach verfügbaren Medien (z. B. Bibliotheken, Internet etc.) unterschiedlich lange. Da Recherchen in der Regel nicht in einem Zeitblock abzuarbeiten sind, verteilt sich der Zeitaufwand auf mehrere Tage. Möglich ist es auch, dass bestimmte Recherchen nicht in der Einrichtung durchgeführt werden können, sondern der Besuch einer Bibliothek ansteht oder die Nutzung des Internets beispielsweise von zu Hause geschehen kann.

Der zeitliche Rahmen ist auch davon abhängig, wie viele zusätzliche Informationen, beispielsweise in Form von Büchern oder Artikeln, noch recherchiert werden.

Vorbereitung:

Die Moderatorin muss diese Teamsitzung gut vorbereiten. In dieser Teamsitzung werden die Grundlagen für die Entwicklung des Beobachtungskonzeptes erarbeitet. Einmal auf der Grundlage der von den Fachkräften gemachten Erfahrungen (Analyse der Situation durch kollegiale Beobachtung) und zum anderen durch die Orientierung an den Inhalten der Beobachtung (Punkt 2.2.8).

In dieser Teamsitzung muss am Ende die Benennung von Beobachtungsthemen der Einrichtung stehen. Auf dieser Grundlage werden geeignete Methoden und Verfahren recherchiert. Die Aufgabe der Moderatorin liegt darin, den Diskussionsprozess auf die Ziele zu lenken und dafür Sorge zu tragen.

Für die Visualisierung dieses Prozesses bietet sich das Flipchart oder, wenn vorhanden, eine Moderationswand an.

Durchführung:

1. Die Moderatorin gibt dem Team einen Überblick über die Themen und Ziele des Tages.

2. Die Teamsitzung wird mit einem kurzen Blitzlicht eröffnet. Alle Fachkräfte bekommen ein bis drei grüne Karten und ebenso viele rote Karten. Auf die grünen Karten schreiben die Fachkräfte alle positiven Erfahrungen aus der bisherigen Beschäftigung mit dem Thema Beobachtung; auf die roten Karten alle negativen. Die Karten werden nach roten und grünen Karten getrennt sortiert und thematisch gleiche Karten werden gebündelt. Gemeinsam im Team werden die Themen besprochen und gegebenenfalls die Ursachen für positive und negative Erfahrungen diskutiert. Dieser Einstieg sollte nicht länger als fünfzehn Minuten dauern.

2. Auf der Grundlage der Erfahrungen aus dem bisherigen Prozess diskutiert das Team über die Inhalte von Beobachtungen. Alle genannten Inhalte werden auf dem Flipchart festgehalten. Doppelungen werden nicht mit aufgenommen. Nachdem alle für das Team wichtigen Inhalte der Beobachtung aufgeschrieben worden sind, bekommt jede Fachkraft fünf Klebepunkte, die sie an fünf verschiedene Nennungen klebt. Es dürfen nicht mehrere Punkte von einer Fachkraft an eine Nennung geklebt werden. Nachdem alle Punkte vergeben worden sind, werden die fünf am häufigsten genannten Inhalte weiter bearbeitet.

   Fachliche Angemessenheit: Die Moderatorin muss an dieser Stelle darauf achten, dass die ausgewählten Inhalte fachlich bedeutsame Inhalte sind. Ein Team, das beispielsweise keine Entwicklungsbeobachtung durchführt, verzichtet auf eine der wichtigsten Informationsquellen. Als Orientierung dienen die Themen der Beobachtung in diesem Leitfaden (Punkt 2.2.9 und 2.2.14).

3. Danach bilden sich Kleingruppen, die sich jeweils mit einem, zwei oder drei Inhalten beschäftigen. Die Aufgabe der Kleingruppen besteht darin, die ausgewählten Inhalte fachlich zu diskutieren. Leitende Fragen sind ...

   - Situationen, in denen dieser Inhalt zu beobachten ist,
   - Erfahrungen mit diesem Inhalt der Beobachtung,
   - mögliche Probleme und
   - geeignete Methoden und Verfahren.

   Die Ergebnisse werden von jeder Kleingruppe schriftlich festgehalten und von einer vorher bestimmten Sprecherin dem Plenum vorgestellt.

4. An die Vorstellungen der Gruppen knüpfen die Zusammenfassung der Ergebnisse und der Auftrag an das Team an. Es ist nun zu klären, welches der nächste Schritt ist. Der Übergang der Orientierungsphase in die Entwicklungsphase muss von der Moderatorin sehr genau bestimmt werden, da der weitere Arbeitsprozess an einigen Stellen arbeitsteilig weitergeführt wird. Die einzelnen Fachkräfte bzw. Kleingruppen müssen einen klaren Arbeitsauftrag vom Team bekommen.

5. Am Ende der Teambesprechung ist jeder Fachkraft klar ...

   - welches ihre nächste Aufgabe ist. Es muss geklärt sein, wer für die Recherchen zu welchen Inhalten verantwortlich ist, z. B.:

   Fachkraft A wird beauftragt, Methoden und Verfahren zu recherchieren, die sich auf die Nutzung von Materialien beziehen. Sollte die Recherche ergeben, dass es keine geeigneten Verfahren gibt, besteht der Auftrag darin, bis zum verabredeten Termin eine eigene Idee zu entwerfen.

   Fachkraft B kümmert sich um die Recherche eines Verfahrens zur Feststellung der Sprachfähigkeit von Kindern im Alter zwischen 3 und 6 Jahren. Sie stößt bei ihrer Recherche auf drei Instrumente. Sie stellt für das Kurzreferat alle drei Instrumente vor und gibt eine Empfehlung an das Team ab.

- welche Aufgaben die Kolleginnen übertragen bekommen haben. Im Teamprozess ist es wichtig zu wissen, wer welche Aufgaben übernommen hat. Gemeinsame Entwicklungsprozesse fordern auch immer gemeinsame Verantwortung.

- bis wann die Aufgabe erfüllt sein muss. Die Terminierung von Aufgaben ist ein wesentlicher Aspekt in systematischen Entwicklungsprozessen. Nicht terminierte Aufgaben werden erfahrungsgemäß verschoben und deren Erfüllung zieht sich oftmals lange hin. Motiviert begonnene Projekte flachen dadurch schnell ab, sodass es irgendwann wieder zum Stillstand kommt. Eine terminierte Aufgabe sorgt für Verlässlichkeit und bietet den Kolleginnen eine Orientierung in der eigenen Arbeit.

- dass sie das Ergebnis ihrer Aufgabe dem Team vorstellt. Die aus den Aufgaben resultierenden weiteren Aufgaben müssen jedem Beteiligten in einem Entwicklungsprozess klar sein. Deshalb ist es am Anfang des Prozesses immer notwendig, Ziele zu benennen und auch die damit verbundenen Aufgaben.

Die hauptsächliche Aufgabe besteht darin, geeignete Methoden und Verfahren für die ausgewählten Beobachtungsinhalte zu recherchieren oder in eigenständiger Arbeit zu entwickeln. Die Entwicklung eigenständiger Verfahren versetzt Teams in die Lage, eine sehr spezifische Form der Beobachtung, die passgenau die Situation der Gruppe erfassen kann, zu entwickeln. Voraussetzung hierfür sind gute Kenntnisse für diesen Teil der Beobachtung und ein wenig kreatives Geschick beim Entwurf eines Instrumentes. Auf den Prozess der eigenständigen Entwicklung von Instrumenten kann hier nicht detailliert eingegangen werden.

6. Zum Schluss wird ein Zeitpunkt für eine nächste Teamsitzung verabredet, die die Vorstellungen der Verfahren zum Inhalt hat.

2.3.2 Findungs- und Entwicklungsphase

In dieser Phase wird durch das Team ein Beobachtungskonzept erarbeitet, welches als Grundlage für die spätere pädagogische Planung, wichtige Informationen über die Kinder, deren Fähig- und Fertigkeiten, Interessen, Wünsche und Bedürfnisse gibt. Die Teams erproben das erarbeitete Modell und prüfen seine Praxistauglichkeit, um es dann in ein gesichertes Konzept überführen zu können.

M *4. Schritt: Erarbeitung und Kurzdokumentation des Beobachtungskonzepts*

Ziele:

1. Das Team hat ein vorläufiges Konzept zur Beobachtung erarbeitet und erprobt dieses in der alltäglichen Arbeit auf Praxistauglichkeit.

2. Das Konzept liegt als Entwurf (Skizze) vor.

Methode:

Kurzreferate, Gesprächsrunden

Teilnehmer:

Alle Fachkräfte

Dauer:

Für die Erarbeitung eines vorläufigen Konzeptes inklusive der Vorstellung von Methoden und Verfahren müssen zwischen 180 und 240 Minuten angesetzt werden. In der Regel wird sich dieser Prozess auf zwei Teamsitzungen verteilen.

Vorbereitung:

Von der Moderatorin wird sichergestellt, dass alle Fachkräfte ihre Aufgabe bis zur Teamsitzung erledigt haben.

Durchführung:

Phase 1 – Konzeptionelle Teamsitzung

1. Zu Beginn der Teamsitzung beschreibt die Moderatorin das **Ziel dieser Sitzung**: die Vorstellung von fremden und eigenen Methoden und Verfahren zur Beobachtung sowie Erarbeitung einer Konzeptskizze.

2. Die erste Fachkraft stellt das **Ergebnis** ihrer Recherche vor. Dabei ist es wichtig darauf zu achten, dass das Instrument nicht nur beschrieben, sondern auch vorgestellt wird, indem ein Exemplar vorliegt. Im Anschluss an die Vorstellung der Fachkraft, können die Kolleginnen Verständnisfragen stellen. Es folgen die Referate der anderen Fachkräfte, bis alle Themen durchgearbeitet worden sind. Die Referate sollten nicht länger als 20 Minuten inklusive Nachfragen dauern.

3. Anschließend wird unter der Leitung der Moderatorin über jede Methode bzw. jedes Verfahren eine **Pro und Contra-Diskussion** geführt und entschieden, ob dieses Verfahren in der Einrichtung erprobt wird oder nicht.

4. Es wird ein **Zeitpunkt** für eine **Zwischenbilanz** vereinbart, bis zu dem alle Fachkräfte die Methoden und Verfahren mehrfach in der Praxis erprobt haben.

5. Am Ende der Teamsitzung gibt es ein gemeinschaftliches **Feedback**. Dazu stellen sich alle Mitarbeiter in einen Kreis. Eine Person geht einen Schritt in die Kreismitte und sagt, was ihr heute besonders wichtig war. Alle anderen können der Aussage zustimmen, indem sie ebenfalls einen Schritt in die Kreismitte gehen, oder sie können die Aussage ablehnen, indem sie einen Schritt zurückgehen. Wenn alle ihre Zustimmung oder Ablehnung kundgetan haben, stellen sie sich auf ihre Ausgangsposition zurück. Es beginnt die nächste Person.

Feedback:

»Ich fand es heute sehr anstrengend, mir die vielen Programme anzuhören. Zurzeit fühle ich mich nicht in der Lage zu sagen, welches der Programme ich gut und welches ich weniger gut finde.« Diejenigen, denen es genauso geht, treten einen Schritt vor und diejenigen, die es nicht so empfinden, treten einen Schritt zurück.

6. Eventuell ist es nicht möglich, alle Inhalte in einer Teamsitzung zu bearbeiten, dann bietet sich eine Teilung am besten nach der Vorstellung der verschiedenen Verfahren an. Die nächste Sitzung würde mit der Diskussion der Vor- und Nachteile der Methoden und Verfahren beginnen.

Phase 2 – Anfertigung einer Konzeptskizze

1. Eine vorher bestimmte Person, das muss nicht die Moderatorin sein, fertigt innerhalb weniger Tage eine **Konzeptskizze** in Stichworten an. Folgende Aspekte müssen dort berücksichtigt sein:

Welche Fragen kann die Konzeptskizze enthalten?

- Welche Beobachtungsmethoden und -verfahren werden in der Einrichtung schon systematisch und kontinuierlich angewendet?
- Welche Beobachtungsschwerpunkte bzw. -inhalte wurden vom Team ausgewählt? (siehe Schritt 3)
- Welche Methoden und Verfahren wurden vorgestellt? Welche Vor- und Nachteile haben die Verfahren?
- Welche Methoden und Verfahren wurden für die Erprobung ausgewählt?
- Welche Ziele sollen mit dem Einsatz dieser Methoden und Verfahren erreicht werden?

2. Die Konzeptskizze wird allen Kolleginnen in Kopie zur Kenntnisnahme, mit der Bitte um Überarbeitung in den nächsten Tagen, übergeben.

3. Bei größeren Differenzen bietet es sich an, eine kurze Teamsitzung abzuhalten, um die Unstimmigkeiten zu klären.

4. Die abgestimmte Konzeptskizze wird nun von allen Beteiligten unterschrieben und zur Dokumentation des Prozesses abgeheftet.

M

5. Schritt: Erprobung des Beobachtungskonzepts

Ziele:

1. Die Fachkräfte erproben die Methoden und Verfahren in der eigenen Gruppe und fertigen eine Dokumentation über deren Verwendbarkeit an.

2. Das Konzept wird gegebenenfalls aufgrund von Erfahrungen aus der Erprobung korrigiert.

Methode:

Einsatz der Instrumente, Tür- und Angelgespräche, Gesprächsrunde (optional)

Teilnehmer:

Alle Fachkräfte

Dauer:

Die Erprobung der Instrumente erstreckt sich über mehrere Wochen. Je nach Methode und Verfahren müssen diese unterschiedlich häufig wiederholt werden, damit sich die Anwendbarkeit bestimmen lässt. Komplexere Verfahren, wie beispielsweise die Leuvener Engagiertheitssklala oder der Gelsenkirchener Entwicklungsbegleiter, bedürfen einer längeren Erprobung als eine selbst entwickelte Checkliste zur Nutzungsintensität von Spielbereichen.

Für die Erprobung ist es ratsam, genügend Zeit einzuplanen, sodass die Fachkräfte verschiedene Situationen mit unterschiedlichen Kindern bzw. einzelne Kinder in vielen unterschiedlichen Situationen beobachten können. Zwischen den verschiedenen Einsätzen empfehlen sich kurze Gespräche mit den Kolleginnen, um erste Eindrücke auszutauschen.

Vorbereitung:

Für die Erprobung der Methoden und Verfahren werden ausreichend Kopien angefertigt, sodass ein reibungsloser Ablauf gewährleistet ist.

Unter Umständen ist es sinnvoll, die zeitliche Planung detaillierter anzufertigen. Gerade bei der Nutzung komplexerer Verfahren kann es hilfreich sein, in der ersten Phase der Erprobungen Freiräume nutzen zu können. Um sich auf das neue Verfahren einlassen zu können, kann es hilfreich sein, für diesen Zeitraum von alltäglichen Aufgaben entbunden zu sein. Das setzt allerdings eine genaue Planung voraus. Eventuell ist es in der Erprobung nötig, mit Springern aus den anderen Gruppen zu arbeiten.

Durchführung:

Phase 1 – Erprobungsphase

1. Die Erprobung der Methoden und Verfahren findet durch die Fachkräfte individuell in den Gruppen statt. Somit liegt die planerische Verantwortung bei den einzelnen Fachkräften.

2. Die ausgewählten Methoden und Verfahren müssen von allen Fachkräften mehrfach eingesetzt worden sein, damit ein solides fachliches Urteil über die Brauchbarkeit abgegeben werden kann. Dazu fertigt jede Fachkraft eine Übersicht der Einsätze an.

3. Tür- und Angelgespräche über den Einsatz der Methoden und Verfahren können Fragen klären und den Umgang erleichtern. Sie geben den Fachkräften Sicherheit.

Phase 2 – Zwischenbilanzgespräch

1. Das Zwischenbilanzgespräch ermöglicht Teams, offene Fragen zu klären, erste Erfahrungen auszutauschen und gegebenenfalls Umsteuerungen vorzunehmen. Sollte sich beispielsweise ein Verfahren als völlig unbrauchbar erweisen, aber kein anderes Verfahren zum gleichen Thema erprobt werden, kann das unbrauchbare Verfahren durch ein bekanntes ausgetauscht werden oder es findet eine neue Recherche dazu statt. Dann würde sich der Prozess ab Schritt 3 wiederholen.

2. Sollten sich die Schwerpunkte bzw. Inhalte der Beobachtung oder die Methoden und Verfahren ändern, muss die Konzeptskizze dementsprechend angepasst werden.

3. Es wird ein Datum für den Abschluss der Erprobung festgelegt.

Phase 3 – Fortsetzung der Erprobung

1. Die Erprobung der Methoden und Verfahren wird bis zum vereinbarten Datum, wie unter Schritt 5 – Phase 1 beschrieben fortgesetzt.

6. Schritt: Erstellung des Beobachtungskonzepts

Ziele:

1. Es soll ein Beobachtungskonzept vorgelegt werden, das für die gesamte Einrichtung gültig ist.

2. Das Beobachtungskonzept wird durch eine externe Beraterin validiert.

Methode:

Gesprächsrunde, Einzel- und Kleingruppenarbeit

Teilnehmer:

Alle Fachkräfte, externe Beraterin

Dauer:

Für die Beratungen zur Erstellung des Konzeptes sollten ca. 480 Minuten, verteilt auf drei bis vier Teamsitzungen, eingeplant werden.

Die Formulierung der Konzeption in Einzel- und Kleingruppenarbeit umfasst ebenfalls ca. 480 Minuten pro Fachkraft. Auch hier sind in der Regel kleinere Arbeitseinheiten von 60–120 Minuten zu planen.

Vorbereitung:

Es sind keine gezielten Vorbereitungen nötig.

Durchführung:

Phase 1 – Reflexionsgespräch über die Erprobung

1. Der ausgiebigen Erprobung der Methoden und Verfahren schließt sich eine Phase der Reflexion im Team an. Hierbei werden Fragen der Nutzbarkeit, Handhabbarkeit und Zielgerichtetheit diskutiert. Also, letztlich die Frage nach der Brauchbarkeit für die eigene pädagogische Praxis.

Fragen zum Reflexionsgespräch

- Sind die ausgewählten Methoden und Verfahren bedienerfreundlich? Sind sie leicht zu verstehen und zu nutzen?
- Sind die Methoden und Verfahren zeitökonomisch? Wie hoch ist der zeitliche Aufwand und steht er im Verhältnis zu den erzielten Ergebnissen?
- Sind mit der Auswahl der Methoden alle Beobachtungsinhalte und -themen abgedeckt?
- Ermöglichen die Ergebnisse der Beobachtung ein umfassendes Bild von jedem Kind zu bekommen?

2. Die Reflexion findet im Team statt und erstreckt sich in der Regel über 90–120 Minuten.

3. Am Ende dieser Teamsitzung gibt es eine Auswahl an Methoden und Verfahren, mit denen das Team arbeiten wird. Auf der Grundlage dieser Auswahl und der Konzeptskizze wird nun ein Zeitplan zur Erarbeitung eines Konzeptes zur Beobachtung verabredet.

Das Konzept sollte folgende Gliederungsfragen beantworten:

- Warum ist Beobachtung in unserer pädagogischen Arbeit wichtig?
- Wie beobachten wir die Kinder?
- Welche Inhalte und Themen werden systematisch und kontinuierlich beobachtet?
- Welche Methoden und Verfahren kommen zum Einsatz? Die Verfahren sollten kurz beschrieben werden.
- In welchen Abständen werden welche Methoden und Verfahren eingesetzt?
- Wie werden die Ergebnisse der Beobachtung dokumentiert?
- Wie wird das Verfahren der Beobachtung im Sinne von Organisations- und Standardentwicklung gesichert?

4. Die Fragen nach der Dokumentation und der Ergebnissicherung, die bisher völlig ausgeblendet sind, bekommen an dieser Stelle große Bedeutung. Zunächst einmal sollen diese Aspekte noch nicht beschrieben werden, sie werden im Modul 3 genauer erarbeitet.

5. Das Team muss die Frage des Stils der Konzeption festlegen. Es empfiehlt sich, die Konzeption im Fließtext zu schreiben. Zwar bedeutet dies, dass die Fachkräfte mehr Zeit investieren müssen, aber die Verständlichkeit und die Übersichtlichkeit steigt dadurch. Zudem ist ein Fließtext hinsichtlich der Entwicklung von Standards und somit auch zum Teil für die Kommunikation nach Außen die geeignete Form der Dokumentation.

   Es sollte auch festgelegt werden, welchen Umfang die einzelnen Bausteine wie auch die Gesamtkonzeption haben sollte. Eine Konzeption sollte immer so umfangreich sein, dass ...
   - alle relevanten Aspekte beschrieben sind,
   - keine überflüssigen Erklärungen und Begründungen enthalten sind,
   - sie für alle Fachkräfte lesbar und zu bewältigen ist und
   - Dritte (Eltern, Fachdienst, Träger, Grundschule) sich kurz informieren können.

6. Als nächste Aufgabe steht nun die Formulierung von Konzeptbausteinen an. Orientiert an der Mustergliederung werden die einzelnen Fragen an die Fachkräfte übertragen. Die Aufgaben sollten nach Neigungen und Fähigkeiten der Fachkräfte verteilt werden. Es ist durchaus möglich, dass es Fachkräfte gibt, denen das Formulieren besser liegt als anderen. Diese Fachkräfte können hier stärker eingebunden werden als andere.

Phase 2 – Erarbeitung der Konzeptbausteine

Die Fachkräfte haben bestimmte Aufgaben, die bis zu einem bestimmten Datum erledigt sein müssen. Diese Phase der Bearbeitung ist eine sehr individuelle Bearbeitungsform. Jeder Fachkraft sollte hier ein größtmöglicher Freiraum in der Bearbeitung eingeräumt werden.

Phase 3 – Zwischenbilanzgespräch

Während des Prozesses der Erarbeitung des Konzeptes wird ein Termin für eine Teamsitzung festgelegt, auf der über den Stand der Arbeiten diskutiert wird. Dabei sollten die vorliegenden Entwürfe ebenfalls besprochen werden. So kann gewährleistet werden, dass die Kolleginnen ihre Konzeptbausteine im Sinne der Absprachen des Teams entwickeln. Die Entwürfe sollten ein paar Tage vor der Teamsitzung an alle Kolleginnen verteilt werden, damit sie sich vorbereiten können.

Phase 4 – Fortsetzung der Erarbeitung der Konzeptbausteine

1. Fortsetzung der Erarbeitung des Konzeptes.

2. Es bietet sich an, ähnlich wie bei der Erprobung der Instrumente, zwischendurch immer mal wieder Gespräche mit Kolleginnen zu führen oder auch kürzere Textpassagen vorzustellen.

Phase 5 – Abschließendes konzeptionelles Gespräch

1. Einige Tage vor der Teamsitzung bekommen alle pädagogischen Fachkräfte ein Exemplar der vorläufig letzten Version des Konzepts.

2. Es ist ratsam, vor der letzten Teamsitzung zur Konzeptentwicklung eine externe Person das erarbeitete Konzept fachlich und formal prüfen zu lassen. Diese Person sollte als externe Beraterin zur Teamsitzung eingeladen werden.

3. In einem abschließenden Gespräch wird das Konzept verabschiedet, sodass es von allen Fachkräften der Einrichtung als Einrichtungskonzept getragen wird. Die externe Beraterin schätzt das Konzept ein und gibt gegebenenfalls Anregungen zur Überarbeitung. Sollte es größere Änderung geben, empfiehlt es sich, die letzte Version des Konzeptes auf einer der nächsten Teamsitzungen zu verabschieden.

4. Das Konzept ist damit Bestandteil der pädagogischen Konzeption der Einrichtung und verbindlich.

2.3.3 Umsetzungs- und Reflexionsphase

In dieser letzten Phase der Erarbeitung eines Beobachtungskonzeptes wird das im Team erarbeitete und verabschiedete Konzept in den pädagogischen Alltag eingeführt. Dieser schrittweise Prozess wird individuell in den Gruppen durchgeführt und an verschiedenen Stellen des Prozesses im Team reflektiert. Am Ende dieses Implementationsprozesses ist das Konzept in die pädagogischen Handlungen und Abläufe integriert.

M

7. Schritt:
Implementation des Beobachtungskonzepts in den pädagogischen Alltag

Ziele:
Das Konzept der Beobachtung ist in den Alltag integriert und gehört zu den Basiskompetenzen der Fachkräfte.

Methode:
Umsetzung in der Praxis

Teilnehmer:
Pädagogische Fachkräfte in den Gruppen.

Jede Einrichtung muss klären, inwieweit sie Ergänzungskräften und Jahrespraktikanten die Aufgabe der systematischen Beobachtung übertragen möchte. Aus einem professionellen Verständnis heraus spricht nichts dagegen, da sowohl Jahrespraktikanten als auch Ergänzungskräfte fest in die Gruppenstrukturen integriert und am pädagogischen Geschehen beteiligt sind.

Dauer:
1. Die **Implementation dauert ca. drei Monate**. Das Gelingen ist abhängig von der Motivation der einzelnen Fachkraft, das Konzept umzusetzen und von anderen nicht planbaren Widrigkeiten, wie Krankheit, besondere Situationen von Familien etc.

2. Da das Konzept der Beobachtung in den Gruppenalltag überführt wird, liegt die Planung des Einsatzes von Methoden und Verfahren bei den für die Gruppen zuständigen Fachkräften.

3. Methoden, die im Sinne eines Screenings oder einer Momentbeobachtung innerhalb des Freispiels oder bei Aktivitäten durchgeführt werden können, sind prinzipiell unproblematisch durchzuführen. Sie bedürfen einer kurzen situativen Beobachtungssequenz und gehen somit in die Alltagshandlungen der Fachkraft über.

4. Verfahren, deren Bearbeitung durchaus aufwendiger ist, werden so geplant, dass sie in bestimmten Sequenzen für jedes einzelne Kind angewendet werden. Ein Verfahren zur Bestimmung der Sprachkompetenz oder von motorischen Fähigkeiten wird in der Regel zwei bis drei Mal im Jahr pro Kind angewendet.

Vorbereitung:

Außer der Bereitstellung von Kopien sind keine besonderen Vorbereitungen nötig.

Durchführung:

1. Die Fachkräfte implementieren das Konzept in den Alltag, indem sie ihre durch das Konzept festgelegten Aufgaben durchführen. Die Kommunikation über die Beobachtungen mit den anderen Fachkräften spielt dabei eine wichtige Rolle, da der Austausch, beispielsweise innerhalb einer Gruppe, allen Beteiligten die Möglichkeit gibt, Kinder ganzheitlich zu betrachten.

2. Durch eine gezielte Kommunikationsstruktur können individuelle Förderbedarfe schnell identifiziert werden. Aber auch Interessen und Wünsche der Kinder können durch eine gezielte Kommunikation in die Planung des Alltags aufgenommen werden.

3. Das Konzept ist in der Praxis implementiert, wenn es in allen Gruppen der Einrichtung von allen Fachkräften umgesetzt wird.

8. Schritt: Reflexion des Arbeitsprozesses

Ziele:

1. Durch die Reflexion des Arbeitsprozesses lassen sich die einzelnen Schritte retrospektiv beschauen, somit können gelungene und weniger gelungene Arbeitsschritte bestimmt werden.

2. Die Praxistauglichkeit der Methoden und Verfahren wird durch die versetzte Reflexion nochmals bewertet.

Methode:

Gesprächsrunde

Teilnehmer:

Alle pädagogischen Fachkräfte

Dauer:

Für die Reflexion sollten 90–120 Minuten angesetzt werden.

Vorbereitung:

Es sind keine besonderen Vorbereitungen nötig.

Durchführung:

1. Die Moderatorin leitet die Gesprächrunde ein und bittet alle Fachkräfte, auf einem Vorher- und Nachher-Barometer mit einem Stift die Qualität der Beobachtungsprozesse vor der Implementation und nach der Implementation einzuschätzen. Dazu werden zwei Säulen auf ein Flipchart gemalt und in Zehnerschritten markiert. Jede Fachkraft verbindet dann die Vorher-Säule auf dem Vorher-Niveau mit der Nachher-Säule und dem momentanen Niveau. Die so entstandene Grafik ist der Ausgangspunkt der Diskussion.

2. In einem offenen Gespräch diskutieren die Fachkräfte über den Prozess der Entwicklung des Konzeptes.

Die Erfahrungen in diesem Teil der systematischen Entwicklung von Basiskompetenzen sollten für den nächsten Bereich »Dokumentation« nutzbar sein, um beispielsweise Prozesse zu verschlanken oder Fehler nicht zu wiederholen.

Sollte sich in der Reflexion abzeichnen, dass das Konzept trotz aller Erprobung nicht tragfähig ist, wäre es nötig, den Prozess erneut anzugehen.

3. Am Ende der Sitzung teilt jede Fachkraft mit, wie zufrieden sie mit dem Ergebnis, sprich mit dem Konzept, ist.

9. Schritt: Ergebnissicherung und Erfolgskontrolle

Ziele:

1. Es soll in der Einrichtung einen verlässlichen Standard »Beobachtung« geben.

2. Der Träger, die Fachberatung, die Eltern und alle pädagogischen Fachkräfte sollen den Standard kennen und wissen, welche Aufgaben damit verbunden sind.

3. Neu eingestellte Fachkräfte können sich anhand des Standards einen schnellen Einblick in die Beobachtungsmethoden und -verfahren der Einrichtung verschaffen.

Methode:

Gesprächrunde in Kleingruppe

Teilnehmer:

Einrichtungsleitung, Trägervertretung, Fachberatung, ein bis zwei Vertreterinnen der Fachkräfte

Dauer:

Für die Entwicklung des Standards sollten 180 bis 240 Minuten eingeplant werden.

Vorbereitung:

Einladung aller beteiligten Personen.

Die Moderatorin bereitet sich auf diesen Termin vor, indem sie den Beteiligten erklären kann, wozu ein Standard notwendig ist und was ein Standard ist.

Durchführung:

Phase 1 – Gesprächsrunde im Arbeitskreis »Standardentwicklung«

1. Die Moderatorin stellt kurz die bisher geleisteten Entwicklungsarbeiten vor und berichtet von den Erfahrungen aus der Praxis. Sie erklärt nun die Notwendigkeit der Ergebnissicherung in Form der Standardentwicklung, sodass es für alle Beteiligten nachvollziehbar ist.

2. Die Entwicklung des Standards zur Beobachtung ist eng verknüpft mit dem internen pädagogischen Beobachtungskonzept. Der Standard ist lediglich abstrakter formuliert, in ihm wird die grundlegende Absicht erläutert.

3. Die Arbeitsgruppe diskutiert gemeinsam über die Formulierung des Standards und beauftragt Mitglieder der Gruppe, diesen aufgrund der Diskussionsergebnisse umzusetzen .

Phase 2 – Formulierung des Standards

Die beauftragten Mitglieder der Standardentwicklungsgruppe formulieren einen Standard zur Beobachtung.

Phase 3 – Abschließende Beratung

Abschließend findet eine Beratung in der Standardentwicklungsgruppe statt. In dieser Sitzung wird der Standard verabschiedet. Die Einrichtung wie der Träger haben somit einen verlässlichen Standard für die Einrichtung erarbeitet, der diese nun charakterisiert und Verlässlichkeit gegenüber den Eltern signalisiert.

M2.3

NEUN SCHRITTE ZUM BEOBACHTUNGSKONZEPT

Neun Schritte zum Beobachtungskonzept	Status	Platz für eigene Notizen
1. Austausch im Plenum über die in der Einrichtung praktizierten Beobachtungsmodelle	begonnen ☐ fertiggestellt ☐	
2. Kollegiale Beobachtung mit anschließendem Austausch im Zweierteam	begonnen ☐ fertiggestellt ☐	
3. Plenum zur Diskussion eines Beobachtungskonzepts	begonnen ☐ fertiggestellt ☐	
4. Erarbeitung und Kurzdokumentation des Beobachtungskonzepts	begonnen ☐ fertiggestellt ☐	
5. Erarbeitung und Kurzdokumentation des Beobachtungskonzepts	begonnen ☐ fertiggestellt ☐	
6. Erprobung des Beobachtungskonzepts	begonnen ☐ fertiggestellt ☐	
7. Implementation des Beobachtungskonzepts in den pädagogischen Alltag	begonnen ☐ fertiggestellt ☐	
8. Reflexion des Arbeitsprozesses	begonnen ☐ fertiggestellt ☐	
9. Ergebnissicherung und Erfolgskontrolle	begonnen ☐ fertiggestellt ☐	

CHECKLISTE

3 Entwicklung eines Dokumentationskonzepts

Nach der Entwicklung eines Beobachtungskonzeptes steht im nächsten Schritt die Erarbeitung eines Dokumentationssystems an. Das Beobachtungskonzept ist nun in die Praxis überführt worden. Die pädagogischen Fachkräfte arbeiten in ihren Gruppen nach diesem Konzept und haben ein verlässliches System der Informationsgewinnung über die Fähig- und Fertigkeiten sowie über die entwicklungs- und handlungsorientierten Themen der Kinder.

Damit die gewonnenen Informationen für die Entwicklung von pädagogischen Angeboten und Aktivitäten und zur Gestaltung von pädagogischen Prozessen nicht wieder verloren gehen, bedarf es nun einer angemessenen Form der Dokumentation.

Zunächst bedeutet Dokumentation nichts anderes, als etwas zu sammeln und nutzbar zu machen. Mit Hilfe dieser Sammlung kann man eine Beweisführung antreten. Für die pädagogische Arbeit bedeutet es, dass Fachkräfte Entwicklungen und Kompetenzen von einzelnen Kindern beschreiben können.

Zum Sammeln von Informationen gibt es eine Menge an Möglichkeiten und nicht alle Formen der Dokumentation sind gleich gut geeignet. Neben der Verwendbarkeit von Dokumenten spielen immer auch die zur Verfügungen stehenden Ressourcen eine wichtige Rolle.

In diesem Kapitel werden Möglichkeiten von Dokumentationen in Kurzform vorgestellt, die für die Arbeit in Tageseinrichtungen wichtig sind.

Anschließend wird die Arbeit mit dem **Portfolio** vorgestellt. Das Portfolio ist im besonderen Maße für die Dokumentation von Bildungs- und Entwicklungsprozessen geeignet. Von der Struktur ergänzt es sehr gut den Ansatz einer kindorientierten Pädagogik und soll somit auch als Verfahren der Dokumentation Berücksichtigung finden.

Zunächst werden einige einführende Bemerkungen zur Dokumentation vorangestellt.

3.1 Grundlagen der Dokumentation

Dokumentation ist ein zeitintensiver Prozess, dem sich Fachkräfte tagtäglich stellen müssen. Die personellen und zeitlichen Ressourcen sind meist nicht so komfortabel, dass es möglich ist, umfangreiche Dokumentationen anzufertigen. Unter diesen strukturellen Bedingungen ist es notwendig, eine Dokumentationsform zu finden, die den Inhalten genauso gerecht wird wie den zeitlichen Ressourcen der Fachkräfte.

Es gibt in der Fachpraxis sehr viele unterschiedliche Formen der Dokumentation, die sich bewährt haben. Welche Form der Dokumentation die richtige ist, hängt von vielen Aspekten ab.

? *Fragen zur Auswahl der Dokumentationsform:*

- Welche Ressourcen stehen zur Verfügung?
- Was oder wer soll dokumentiert werden?
- Werden die Beobachtungen fachlich ausreichend erfasst?
- Finden zusätzliche Informationen genügend Berücksichtigung?
- Werden punktuelle Eindrücke oder fortlaufenden Sequenzen erfasst?
- Wofür werden die Dokumentationen benötigt?

Bevor nun einige der wichtigsten Dokumentationsformen für die Arbeit in Tageseinrichtungen vorgestellt werden, sollen die Inhalte der Dokumentation kurz erläutert werden.

Es gibt verschiedene Bereiche in der pädagogischen Arbeit mit Kindern, wo eine Dokumentation sinnvoll ist. Die fixierten Inhalte dienen als Basisinformationen für die pädagogische Planung. Dabei ist es wichtig darauf zu achten, dass das Spektrum der Informationen möglichst umfassend ist.

3.1.1 Dokumentation von Beobachtungen

Wie im vorhergehenden Kapitel dieses Leitfadens erwähnt, sind die Beobachtungen die wichtigste Quelle für Informationen über die Kinder. Beobachtungsmöglichkeiten und -situationen gibt es unzählige, jeden Tag zu jeder Zeit. In vielen unterschiedlichen Situationen mit Kindern haben Fachkräfte die Möglichkeit, eine Menge über die Kinder zu erfahren und dieses Wissen für den weiteren Bildungs- und Betreuungsprozess zu nutzen.

Diese Vielzahl von Beobachtungen muss, damit sie nicht verfälscht oder in Vergessenheit gerät, dokumentiert werden. **Die Aufgabe der Fachkraft hierbei ist es zu entscheiden, welche Beobachtungen wichtig sind und welche weniger wichtig.**

Die Dokumentation der Beobachtungen sollte so angelegt sein, dass der Entwicklungsverlauf nachzuvollziehen ist und dass wichtige Stationen oder Signalsituationen erkennbar sind. Um dieser Forderung umfassend nachkommen zu können, ist eine kindzentrierte Beobachtung in jedem Falle notwendig. Das heißt, dass für jedes Kind eine eigene Mappe, ein Heft oder ein Ordner zur Dokumentation angelegt ist. Darüber hinaus ist es ratsam, eine themenorientierte Dokumentation anzulegen. Zum Beispiel zum Thema Konflikt, in der dann in der Chronologie Konflikte und deren Verläufe beschrieben werden. Damit gewinnt die Fachkraft neben der Information über einzelne Kinder auch Wissen über die Gruppe.

3.1.2 Dokumentation von Gesprächen

Im Verlauf eines Kinderkartenkind-Lebens gibt es viele Anlässe für Gespräche. Sie können stattfinden zwischen Fachkräften und Kindern, Fachkräften und Eltern, unter Fachkräften oder auch mit dritten Personen, wie beispielsweise Grundschullehrkräften oder Therapeuten und Sozialpädagogen.

Gespräche zwischen Fachkräften und Kindern gehören in jeder Einrichtung zum Tagesgeschäft. Für Fachkräfte haben diese Gespräche große Bedeutung, weil sie viel über die Vorstellungen und Meinungen der Kinder erfahren. Manche Gespräche sind wichtiger als andere, manche Themen spannender als andere und manche Gespräche sind gezielt von den Fachkräften initiiert. Die Themen und gegebenenfalls die Ergebnisse solcher Gespräche müssen von den Fachkräften dokumentiert werden.

Neben den Gesprächen zwischen den Fachkräften und Kindern sind die Gespräche mit den Eltern eine weitere wichtige Quelle der Information. Eltern wissen vieles über ihre Kinder, was den Fachkräften nicht bekannt ist oder nicht bekannt sein kann. Alles das, was Kindern in ihrem näheren sozialen Umfeld erleben, was in ihren Familien geschieht und wie sie ihre Freizeit gestalten, enthält wichtige Informationen. Fachkräfte sollten die Chance regelmäßiger Eltern- oder Entwicklungsgespräche nutzen und den Kontakt zu den Eltern suchen. Der Verlauf und das Ergebnis der Gespräche werden in Gesprächsprotokollen festgehalten.

In vielen Einrichtungen ist es mittlerweile üblich, Fallbesprechungen durchzuführen. Aber auch eher lockere Gespräche über die Situation in der Gruppe oder von einzelnen Kindern gehören in vielen Teambesprechungen zur Tagesordnung. Diese »Analysen« der Fachkräfte gehören zu den wichtigen Dokumentationen.

In einigen Fällen kommt es zu Kontakten mit dritten Personen. Das können hinsichtlich des anstehenden Schulbesuches Gespräche mit Grundschullehrern über die zukünftigen Schüler sein. Es können aber auch Gespräche mit Sozialpädagogen und Therapeuten sein, die Kinder aus der Gruppe betreuen. In jedem Fall ist es sinnvoll, über die dort besprochenen Themen Aufzeichnungen anzufertigen.

3.1.3 Dokumentation von pädagogischer Planung

Um den Effekt von Angeboten und Aktivitäten auf Bildungsprozesse und Entwicklungen festzustellen, benötigt man Aufzeichnungen darüber. Da Fachkräfte eher in regelmäßigen Abschnitten überprüfen werden, ob die selbst entwickelten Entwicklungs- und Förderungsziele erreicht wurden, ist es hilfreich, auf Dokumente zurückgreifen zu können.

Jeder Fachkraft sind die ausgearbeiteten pädagogischen Planungen der eigenen Ausbildungen noch bekannt oder durch die Betreuung einer Praktikantin in Erinnerung gerufen. In dieser Ausführlichkeit sind die Aufzeichnungen sicherlich nicht notwendig, aber die Berücksichtung von Inhalten, Methoden und Zielen gibt wichtige Informationen über den Effekt der Angebote und Aktivitäten.

3.1.4 Einbezug von Kindern in die Dokumentation

In den oben beschriebenen Bereichen wurde bisher immer vorausgesetzt, dass die Fachkräfte dokumentieren. In Tageseinrichtungen ist das auch hauptsächlich die Aufgabe der Fachkräfte. Aber auch die Kinder können und sollten in die Dokumentation ihrer Lerninhalte und -strategien ihren Möglichkeiten entsprechend eingebunden werden. Die Beteiligung der Kinder setzt voraus, dass Fachkräfte geeignete Methoden bereitstellen. Dieser Aspekt wird unter dem Punkt »Portfolio« (S. 69) noch differenzierter betrachtet.

3.1.5 Formen der Dokumentation

In der Literatur für Fachkräfte lassen sich unzählige Formen für Dokumentationen finden. Teilweise sind sie zeitintensiv, teilweise sind sie schnell zu bearbeiten. Die Vielfalt der Formen ist sehr hilfreich, da es somit möglich ist, eine passende Dokumentationsform zu finden. Die ausgewählte Dokumentationsform muss für den Gegenstand, der dokumentiert werden soll, geeignet sein.

Im Folgenden werden nun einige Varianten vorgestellt.

? *Schriftliche Aufzeichnungen*

Die häufigste Form der Dokumentation ist die schriftliche Dokumentation. Es liegt nahe, dass man Beobachtungen und Ergebnisse aus Gesprächen erst einmal in der Form festhält, die den Menschen sehr nahe liegt: in Sprache. Sprache ist allerdings sehr vielfältig und kann sehr unterschiedlich eingesetzt werden. So kann es sein, dass einige Fachkräfte mit Spiegelstrichnennungen arbeiten und andere mit prosaischen Schilderungen. Aber auch schematische Darstellungen kommen in der Regel nicht ohne Sprache aus.

Eindrücke und Beobachtungen verwischen schnell und vermengen sich mit Erinnerungen und anderen Eindrücken. Die schriftliche Fixierung einer Beobachtung macht diese präziser und damit auch nutzbarer für den weiteren Prozess. Schriftliche Aufzeichnungen ermöglichen einen Vergleich zwischen dem Gewesenen und dem Aktuellen, ohne dass damit ein Informationsverlust einhergehen muss.

Fachkräfte müssen sich allerdings bei der Wahl der schriftlichen Dokumentation über die Gefahren von schriftlicher Sprache bewusst werden. Die oftmals in wenigen Augenblicken beobachtete Situation wird subjektiv wiedergegeben und in der Regel kurz und prägnant niedergeschrieben. Es ist deshalb ratsam, in jedem Falle das Niedergeschriebene zu prüfen und zu schauen, ob die Aufzeichnung und die Beobachtung miteinander kompatibel sind.

? *Welche Dokumentationsregeln sollten verbindlich sein?*

- **Genaue Angaben über Zeit, beteiligte Kinder, Spielorte und Themen konkretisieren die Aufzeichnungen.** Zeit wird oftmals sehr unterschiedlich wahrgenommen. Was uns bei einigen Kindern als lange vorkommt, nehmen wir bei anderen Kindern als normal wahr. Die Benennung aller Kinder ermöglicht genau nachzuzeichnen, welche Kinder in welchen Situationen oder Konstellationen häufig wahrgenommen werden. Auch Kinder, die passiv an Situationen beteiligt sind, sollten den Fachkräften nicht entgehen. Ebenso ist es hilfreich, den genauen Spielort und das Thema zu erfassen. Je ungenauer die Aufzeichnungen sind, desto schwieriger wird eine anschließende Einschätzung und Analyse der Situation.

- **Menschen haben von Menschen Bilder im Kopf.** »Der ist immer so langsam«, »Hans ärgert den Paul ständig« oder »Franka und Linda sind gute Freundinnen«. Fachkräfte beobachten aber nicht, ob Kinder Freunde sind. Sie interpretieren aus bestimmten Verhaltensweisen, dass Kinder Freunde sind. Vermutlich spielen Franka und Linda oft zusammen. Oder sie verabreden sich auch nachmittags. Sie sitzen im Stuhlkreis nebeneinander. All diese Verhaltensmerkmale lassen den Schluss zu, dass sie sich mögen und deshalb Freundinnen sind. Die Analyse ist vermutlich nicht falsch, aber sie sollte in der Dokumentation von Situationen so beschrieben werden. Man gewinnt für spätere Betrachtungen viele Informationen hinzu, denn man kann aus den Beschreibungen viel detailliertere Informationen gewinnen als aus der Aussage, dass zwei Kinder Freunde sind.

- **Fachkräfte sollten bei der Dokumentation Interpretationen und schnelle Schlüsse vermeiden.** Zunächst wird der Gegenstand beschrieben, ohne dabei zu werten. Das Bewerten und Analysieren ist ein weiterer Schritt, der sich aus den Aufzeichnungen ergibt bzw. sich darauf stützt. Wohl aber ist es sinnvoll, nach erklärenden Indikatoren zu suchen, die eine Beobachtung greifbarer machen und verständlich werden lassen. Eine Fachkraft hat festgestellt, dass innerhalb von zwei Tagen die angehenden Schulkinder ein schwieriges Puzzle puzzeln konnten, was vorher nur ein Kind konnte. Ein Indikator zu Erklärung der Situation könnte sein, dass dieses Kind den anderen Kindern gezeigt hat, wie das Puzzle zu lösen ist. Der zulässige Schluss wäre dann, dass die Kinder in dieser Situation voneinander gelernt haben.

- **Bei der Dokumentation von Gesprächen besteht immer die Gefahr, schon während des Gespräches, etwas falsch zu verstehen und es somit fehlzubewerten.** Dem kann man nur vorbeugen, indem man sich im Gespräch vergewissert. Eine spätere Rückversicherung ist in jedem Falle kompliziert.

- Bei der Dokumentation von mitgehörten Gesprächen der Kinder können Gesprächsteile nicht verstanden worden sein oder die Fachkraft hat nur Sequenzen mithören können. Auch hier sollte man versuchen, so vollständig und genau wie möglich zu beschreiben.

- **Die Herstellung einer Kausalität ist ein Akt der Interpretation.** Oftmals neigt man dazu, zwei nacheinander folgende Handlungen interpretatorisch in Beziehung zu setzen, obwohl keine Eindeutigkeit herrscht. Zwei Jungen spielen auf dem Bauteppich. Der eine greift ein Auto, das beim anderen Jungen liegt, und spielt damit. Der andere Junge steht auf und geht weg. Ist der Junge nun weggegangen, weil der eine das Auto wegnahm oder hat er einfach etwas anderes Interessantes entdeckt?

- **Bei fast allen Dokumentationen ist es aber dennoch nötig, einen Kommentar zu verfassen und zusätzliche Informationen zu erfassen.** Diese sind hilfreich und auch unbedingt zum Verständnis erforderlich.

Beobachtungsbögen und -formulare

Zurzeit gibt es eine Vielzahl von Instrumenten für die Feststellung von Kompetenzen. Die meisten Beobachtungsverfahren haben ein integriertes Dokumentationsverfahren. In der Regel sind das die Checklisten oder Profile, die erstellt werden können. Der Vorteil dieser Art der Dokumentation ist, eine sehr genaue Information über einen bestimmten Aspekt zu bekommen (z. B. Sprachentwicklung, Feinmotorik, Soziale Kompetenzen). Diese Aufzeichnungen sind für die Entwicklung von Förder- und Bildungsprozessen sehr hilfreich und sollten in jedem Falle Berücksichtung finden. Der Nachteil ist, dass die Methode festgelegt ist und keinen individuellen Raum für die Fachkraft gibt.

Bild- und Tondokumente

Neben den schriftlichen Aufzeichnungen bieten Bilder, Video- und Audiomitschnitte eine weitere Möglichkeit der Dokumentation. Sie unterstützen die schriftlichen Aufzeichnungen, indem durch sie die Situationen und Szenen lebhafter werden und sie die Perspektive der Betrachtung für die Interpretation noch einmal verändern. Insbesondere bieten sich solche Möglichkeiten für eine gezielte Beobachtung an oder zur Dokumentation von Projekten, Ausflügen, Festen oder auch des Tagesablaufes. Sie bieten gerade auch Dritten ein sehr lebendiges Bild vom Alltag. Bei der Aufzeichnung von Kindern für Beobachtungszwecke ist zuvor unbedingt das Einverständnis der Eltern erforderlich. In diese Form der Dokumentation können die Kinder intensiv und vielfältig eingebunden werden. Interviews und Gespräche mit den Kindern können auf Tonträgern festgehalten werden. Kinder können sich gegenseitig interviewen. Sie können Fotos aus der Kinderperspektive anfertigen und somit eine neue Perspektive auf die Dinge entwickeln.

Portfolio

Das Wort Portfolio ist aus dem Fernsehen und der Zeitung, wenn wir Börsennachrichten verfolgen, bekannt. In der Diskussion um Lernergebnisse und -strategien in der Schule gewinnt das Portfolio immer mehr an Bedeutung. Gerade in den sprachlichen Fächern werden immer häufiger Portfolios eingesetzt, um die Entwicklung sprachlicher Kompetenzen von Schülerinnen und Schülern nachvollziehen zu können.

PORTFOLIO

Was ist eigentlich ein Portfolio?

Portfolio lässt sich aus dem Lateinischen folium »Blatt« und portare »tragen« ableiten und bezeichnete ursprünglich vor allem eine Sammlung von künstlerischen Arbeiten in einer entsprechenden Mappe.
Im übertragenen Sinne kann man unter einem Portfolio auch eine Sammlung von hilfreichen Methoden, Verfahren oder Handlungsoptionen fassen. Im Bildungsbereich versteht man unter einem Portfolio eine Mappe, in der Dokumente, wie z. B. persönliche Arbeiten, Bestätigungen, Zertifikate etc. zusammengetragen und aufbewahrt werden. Kennzeichnend für ein Portfolio ist die Möglichkeit, aus den gesammelten Informationen eine systematische Lernstrategie zu erarbeiten. Die Möglichkeit zur Selbstreflexion und -evaluation sowie zur Reflexion und Evaluation von Lerninhalten und -erfahrungen sind Vorteile eines Portfolios.
Übertragen auf die pädagogische Arbeit mit Kindern in Tageseineinrichtungen ist unter Portofolio die systematische Dokumentation von sozialen, emotionalen und kognitiven Fähig- und Fertigkeiten unter Einbeziehung des sozialen Umfeldes zu verstehen. Hierbei handelt es sich jedoch nicht nur um die Dokumentation durch die pädagogische Fachkraft, sondern auch um diejenigen, die durch die Eltern und nicht zuletzt durch die Kinder selbst erstellt werden.

Die Vorteile eines Portfolios

Bei der Einführung neuer Ideen stellt sich zunächst immer erst die Frage nach dem Warum. Hinsichtlich der pädagogischen Arbeit mit einem Portfolio liegen die Antworten auf der Hand.

- In der pädagogischen Praxis werden seit jeher Aufzeichnung über Kinder angefertigt und gesammelt. Die Methoden sind sehr vielfältig (Karteikarten, Entwicklungsberichte, Entwicklungsbögen etc.). Diese sind je nach gewählter Methode mal detaillierter, mal weniger detailliert. Anhand dreier Merkmale, die nach meiner Erfahrung typisch für die meisten Aufzeichnungen sind, lassen sich die Vorteile eines Portfolios besonders deutlich zeigen.

- Die Aufzeichnungen weisen oft keine methodische Vielfalt auf, d. h., dass Fachkräfte sich oftmals auf eine Art der Dokumentation festlegen und mit Hilfe der gewählten Methode alles Wesentliche dokumentieren. Dadurch verlieren sie die Chance, verschiedene Situationen aus unterschiedlichen Perspektiven betrachten zu können.

- Kinder sind in der Regel an den Aufzeichnungen ebenso wenig beteiligt wie ihre Eltern. Dadurch verlieren Fachkräfte die Blicke »der anderen Augen«. Kinder und auch Eltern betrachten Situationen oftmals aus einem anderen Blickwinkel und sehen daher manches anders als Fachkräfte. Eltern und Kinder wissen oftmals Dinge, die Fachkräfte nicht wissen und die sie nur im gemeinschaftlichen Prozess erfahren können.

- Die Aufzeichnungen werden viel zu wenig für die Planung pädagogischer Prozesse und Aktivitäten sowie für Individualisierung und Partizipation genutzt. Die oftmals sehr komplexen und detaillierten Aufzeichnungen wirken sich kaum auf die Planung und Gestaltung pädagogischer Prozesse und Aktivitäten aus. Hier liegt eine Basis an wichtigen Informationen über einzelne Kinder, Kleingruppen und der Gesamtgruppe vor, die, gezielt genutzt, eine kindorientierte Pädagogik ermöglichen.

Der Vorteil eines Portfolios liegt in der methodischen Vielfalt der gesammelten und angefertigten Dokumentationen, die den Fachkräften aus verschiedenen Perspektiven ein umfassendes Bild über die Entwicklung von Kindern gibt.

Portfolios liefern eine Reihe von Informationen, die für die Planung der pädagogischen Arbeit wichtig sind. In ihnen finden sich Informationen zu einzelnen Kindern, ihren Fähig- und Fertigkeiten, Interessen und Bedürfnissen; es finden sich Hinweise zu den kindlichen Entwicklungen allgemein, daraus werden Weiterbildungsbedarfe sichtbar und somit die berufliche Weiterentwicklung angeregt; nicht zuletzt zeigen sie uns die unterschiedlichen Stärken und Bedürfnisse einzelner Kinder, womit das Verständnis für kulturelle Vielfalt und für Kinder mit besonderen Bedürfnissen gestärkt wird.

Damit der Einsatz eines Portfolios Anreize und Hilfestellungen für die Entwicklung pädagogischer Prozesse und Aktivitäten geben kann und die Planung erleichtert, also eine effizientere und effektivere Planung der pädagogischen Arbeit ermöglicht, müssen einige Aspekte erfüllt sein.

Voraussetzung für den gezielten Einsatzes eines Portfolios ist, dass Fachkräfte ...

1. Kinder systematisch und kontinuierlich beobachten,

2. systematisch und kontinuierlich mit Eltern bzw. Erziehungsberechtigten kooperieren,

3. unterschiedliche Methoden der Dokumentation einsetzen,

4. in einem kontinuierlichen Reflexionsprozess der eigenen Arbeit und der Teamarbeit stehen und

5. neben der Vermittlung von Weltwissen und sozialem Wissen Selbstbildungsprozesse sowie Reflexionen über Lernstrategien, -inhalte und -ziele als wichtige Bestandteile frühkindlicher Bildungsprozesse einschätzen.

Ein Ziel, welches durch die Arbeit mit Portfolios erreicht werden soll, besteht darin, eine möglichst optimale Lernumgebung zu schaffen, in der jedes Kind individuell und in der Gemeinschaft gefördert wird. Die individuellen Gestaltungsmöglichkeiten in den Portfolios geben einen differenzierten Blick auf Themen, Entwicklungen und Lernstrategien einzelner Kinder. Dieses setzt wiederum voraus, dass die pädagogischen Fachkräfte Kinder systematisch und kontinuierlich in den unterschiedlichsten Situationen im Tagesablauf beobachten und die Szenen im Portfolio dokumentieren.

Da aber nicht alles im Laufe des Tagesstättenalltags beobachtbar ist und Kinder einen großen Teil ihrer Zeit außerhalb der Einrichtung verbringen, ist es unabdingbar, mit den Eltern in einem kontinuierlichen Prozess zu kooperieren. Eltern haben Wissen über ihre Kinder, das für die Gestaltung einer lernanregenden Umgebung und für die individuelle Förderung notwendig ist. Sie geben den pädagogischen Fachkräften mit weiteren Informationen über das Kind eine wichtige Grundlage, die für die Ausgestaltung von pädagogischen

Prozessen und Aktivitäten verschiedene Perspektiven eröffnet. Darüber hinaus ist die stärkere Einbindung von Eltern in die pädagogische Arbeit der Tageseinrichtung insbesondere bei Übergangsprozessen wünschenswert. Die Gestaltung des Übergangs von der Tageseinrichtung in die Grundschule hat in den letzten Jahren an Bedeutung gewonnen. Das Portfolio liefert für den Übergang, d.h. unter anderem auch für die Kommunikation zwischen pädagogischen Fachkräften, Lehrkräften der Grundschulen und Eltern, wichtige Informationen über das jeweilige Kind.

Wie oben bereits erwähnt, setzt sich ein Portfolio aus verschiedenen Dokumenten zusammen. Dieses können schriftliche Aufzeichnungen sein, aber natürlich können auch Fotos, Skulpturen sowie Ton- und Bildträger in einem Portfolio als Dokumentation dienen. Aber selbst bei den schriftlichen Dokumenten, unabhängig davon, ob es sich um Aufzeichnungen der pädagogischen Fachkräfte, der Eltern oder um Beiträge der Kinder handelt, gibt es viele verschiedene Methoden, wie Lernwege, -inhalte und -strategien sowie Interessen, Wünsche und Themen der Kinder festgehalten werden können. Ich werde später noch näher auf unterschiedliche Formen der Dokumentation eingehen (S. 72f.).

Pädagogische Fachkräfte, die mit Portfolios arbeiten, werden angeregt, ihre professionelle Haltung zu reflektieren und in einem stetigen Lernprozess immer wieder zu modifizieren und anzupassen. Die Dokumente eines Portfolios spiegeln immer auch die eigene pädagogische Arbeit und die des gesamten Teams wider. Daraus ergeben sich für Fachkräfte und Teams viele Anregungen, Planungen und Umsetzungen neu zu überdenken und im Sinne einer kindorientierten Pädagogik zu gestalten.

Selbstbildungsprozesse sowie Reflexionen über Lernstrategien, -inhalte und -ziele sind wichtige Bestandteile frühkindlicher Bildungsprozesse. Damit ist gemeint, dass Fachkräfte gemeinsam mit Kindern über deren Interessen, Möglichkeiten und Strategien in einen Dialog eintreten müssen. Kinder sollten schon in Tageseinrichtungen lernen zu erkennen, was sie interessiert, was sie können und wie sie Probleme lösen können. Fachkräfte können gemeinsam mit Kindern Strategien entwickeln, die es den Kindern ermöglichen, »eigene Wege« zu finden. Ein Portfolio setzt voraus, dass ein solcher Prozess gewollt ist, denn es bietet Kindern u.a. die Möglichkeit, ihre eigene Entwicklung und ihre Lernerfolge beispielsweise durch Arbeitsproben zu dokumentieren

Es lässt sich also festhalten, dass Portfolios wichtige Informationen enthalten, die für die Planung pädagogischer Prozesse und Aktivitäten grundlegend und förderlich sind. Durch sie kann die Lernumgebung derart beeinflusst werden, dass eine optimale Förderung von Kindern in Tageseinrichtungen gewährleistet ist. Darüber hinaus unterstützen Portfolios auch den professionellen Entwicklungsprozess von Fachkräften und Teams.

Elemente des Portfolios

Ich habe oben bereits beschrieben, dass ein Portfolio eine Zusammenstellung verschiedener »Blätter« bzw. Dokumente ist. An dieser Stelle möchte ich nun einige mögliche Methoden und Dokumentationsformen für ein Portfolio aufzeigen. Es sei hier ausdrücklich darauf hingewiesen, dass kein Portfolio einem anderen gleicht. Das liegt in der Natur von Portfolios. Sie beschreiben sehr individuell einzelne unterschiedliche Kinder und somit immer auch deren individuelle Lernaktivitäten. Zwar sind Portfolios in ihrer Struktur sehr ähnlich, die Elemente sind ja die gleichen. Dennoch wäre es nicht ratsam zu versuchen, ein Musterportfolio zu erarbeiten, das nach einem bestimmten Schema einfach auf alle Kinder übertragen wird. Vielmehr sollten sich pädagogische Fachkräfte von der Geschichte der Kinder inspirieren lassen, welche Dokumentationsform sie wählen.

Man kann zwischen 3 Portfolio-Arten unterscheiden:

- **Das private Portfolio** ist in erster Linie dadurch gekennzeichnet, dass es vertrauliche Informationen über Kinder und ihre Familien beinhaltet. Fachkräfte zeichnen wichtige Informationen über die Kinder und ihre Familien genauso auf, wie Entwicklungsverläufe, Spielthemen und -partner, Aktivitäten, Verhalten in der Gruppe und vieles mehr. Diese systematischen, kontinuierlichen und situationsbezogenen Aufzeichnungen sollten separat aufbewahrt werden und für Dritte nicht zugänglich sein. Sie dienen der Fachkraft als Gedächtnisstütze über Entwicklungsverläufe, dienen aber auch zur Planung und Umsetzung von pädagogischen Prozessen und Aktivitäten sowie Elterngesprächen.

- Eine weitere Form des Portfolios, und auch die umfangreichste, ist **das Lernportfolio**. Das wichtigste Element des Lernportfolios ist das Lerntagebuch. In ihm schreibt das Kind bzw. schreibt die Fachkraft für das Kind über die eigenen Gedanken und Gefühle in einem kontinuierlichen Prozess. In diesem Portfolio finden sich aber auch Notizen, Pläne, Entwürfe, Skizzen und Arbeitsproben der Kinder aus abgeschlossenen und laufenden Projekten der Tageseinrichtung.

- Die dritte und letzte Form des Portfolios ist das **Präsentationsportfolio**. Wie das Wort schon andeutet, werden hier zentrale Arbeitsproben des Kindes gesammelt, die wesentliche Entwicklungen, Interessen oder Themen darstellen. Dieses Portfolio dient dazu, Dritten das Kind vorzustellen bzw. das Kind kann sich mit diesem Portfolio selbst Dritten vorstellen. Durch den Querschnittscharakter ermöglicht es jedem, einen gezielten Überblick über den Entwicklungsverlauf des Kindes zu bekommen. So kann es beispielsweise für die Vorstellung beim Klassenlehrer der neuen Grundschule eingesetzt werden. Die Arbeitsproben werden bei jüngeren Kindern sicherlich noch von der Fachkraft ausgewählt, doch je älter die Kinder werden, desto stärker sollten sie bei der Auswahl einbezogen werden.

Generell gilt, dass das Team festlegt, welche Dokumente in das Portfolio gehören. Damit wird vermieden, dass Informationen über die Kinder sich für Dritte (z. B. Eltern, Grundschullehrkräfte) in unterschiedlichen Formen präsentieren.

Im Folgenden sind einige zentrale Formen der Dokumentation im Portfolio kurz beschrieben.

Arbeitsproben der Kinder

Den größten Anteil haben die Arbeitsproben der Kinder. Diese sind je nach Neigungen der Kinder sehr unterschiedlich, sowohl in der Art als auch in der Quantität. Im Bereich der Tageseinrichtung finden sich am häufigsten Zeichnungen, Gemälde und Skulpturen unterschiedlichster Art. Die kontinuierliche Sammlung dieser authentischen Dokumente vom ersten bis zum letzten Tag des Besuches einer Tageseinrichtung bietet ein hohes Maß an verschiedenen Informationen über den Entwicklungsverlauf eines jeden Kindes. Zu den Arbeitsproben der Kinder gehören aber auch erste Schreibversuche oder an die Fachkräfte diktierte Texte. Hiermit werden neben der Dokumentation von gestalterischen und feinmotorischen auch die sprachlichen und literarischen Fähig- und Fertigkeiten festgehalten. Alle Arbeitsproben sollten immer einen kurzen Kommentar der Fachkraft enthalten, somit ist es bei der späteren Analyse leichter, den Kontext zu rekonstruieren.

Fotos

Ein weiterer wichtiger Bestandteil von Portfolios sind Fotos. Fotos dokumentieren Handlungen, Aktivitäten und Tätigkeiten auf eine ganz andere Art. Sie geben einen punktuellen Einblick in Aktivitäten, die nicht durch Arbeitsproben dokumentierbar sind, das kann beispielsweise ein Besuch bei der Feuerwehr sein oder dreidimensionale Werke der Kinder. Mit Fotos lassen sich auch die verschiedenen Entwicklungsstadien einer Einzel- oder Gruppenarbeit festhalten, und sie dienen auch der Illustration von Aufzeichnungen von Informationen und Beobachtungen.

Lerntagebücher
Lerntagebücher haben zum Ziel, Kinder in die Lage zu versetzen, ihre eigenen Lernziele zu bestimmen und somit auch ihre Lernaktivitäten selbstständig zu planen. In ihnen beschreiben bzw. malen Kinder alles das, was sie interessiert und was sie gemacht haben; auch Fragen, die sie an die Welt haben, finden hier ihren Platz. Die Altersstruktur in Tageseinrichtungen lässt es sicherlich nicht zu, dieses Ziel umfassend zu erreichen. Dennoch ist die Erfahrung, eigenverantwortlich eigene Interessen, Bedürfnisse und Wünsche umsetzen zu können – oder zumindest mit den Fachkräften gemeinsam planen zu können – eine Basis für selbstinitiiertes und selbstgesteuertes Lernen in der Schule.

Aufzeichnungen der pädagogischen Fachkräfte
Pädagogische Fachkräfte machen sich ständig und kontinuierlich Notizen über die Entwicklung und das Verhalten von Kindern und von Situationen im Alltag. Kontinuierliche Beobachtungen werden systematisch aufgezeichnet und dienen als wesentliche Informationsquelle für die Planung von (Eltern-)Gesprächen, Entwicklungsberichten, aber auch zum Informationsaustausch zwischen der Grundschule und der Tageseinrichtung. Es finden sich hier sehr unterschiedliche Formen der Dokumentation wieder. Diese können z. B. sein: Karteikarten, Ankreuztabellen, Tagebücher, Entwicklungstexte etc.

Audio- und Videosequenzen
Ton- und Bildmaterialien geben den Fachkräften nochmals einen sehr lebendigen Einblick in das Denken und Handeln von Kindern. Hier werden Spielsituationen, Gespräche oder beispielsweise auch Konflikte wiedergegeben, die in der echten Situation lediglich ein einziges Mal wahrnehmbar sind. Einmal auf Band festgehalten, bieten sie einen großen Fundus an Informationen, die sehr interessant und ergiebig für Elterngespräche sind, da Eltern ihre Kinder in der Tageseinrichtung nicht erleben. Kinder können an Hand solcher Dokumentationsformen ihre eigene »Veränderung« lebendig miterleben, in dem sie sich ihre eigenen Mitschnitte anhören bzw. anschauen.

Checklisten
Viele Fachkräfte setzen schon heute Checklisten zur Beobachtung ein (z. B. Gelsenkirchener-Entwicklungsbegleiter, Leuvener Engagiertheitsskala). Diese Instrumente unterstützen die Planung der pädagogischen Arbeit jeweils hinsichtlich der in ihnen beschriebenen Fragestellung und systematisieren somit die Dokumentation über einzelne Kinder. Jedoch sollte auch erwähnt werden, dass diese Checklisten bzw. Instrumente niemals andere Formen von Dokumentation (wie beispielsweise ein Kinder- oder Gruppentagebuch, Projektbeschreibungen oder auch Fotos) und schon gar nicht eine kontinuierliche und systematische Beobachtung ersetzen können. Sie sind immer nur als eine sinnvolle Ergänzung hilfreich.

Erste Schritte mit dem Portfolio

Es empfiehlt sich, schrittweise zu beginnen. Ein Portfolio ist eine sehr dynamische und individuelle Form der Entwicklungs- und Lerndokumentation. Sie ist für unterschiedliche Kinder in ihren Ausprägungen verschieden, auch wenn sie in der Summe die gleichen Dokumentationselemente benutzt.

Nach der Entscheidung, mit einem Portfolio arbeiten zu wollen, sollte zunächst eine Strategie entwickelt werden, in welcher Form mit dem Portfolio gearbeitet werden soll, welche Dokumente ins Portfolio kommen sollen und nicht zuletzt, welches der spezielle Fokus des Portfolios ist.

Fachkräfte beginnen dann Arbeitsproben der Kinder zu sammeln, Fotos von Kindern und pädagogischen Situationen zu machen, Kinder zu interviewen oder zu filmen. Sie schauen sich die gesammelten Materialien gemeinsam im Team an und ergänzen somit das eigene Bild, das sie von einzelnen Kindern haben, im Dialog mit den Kolleginnen.

Erst dann sollte die Dokumentation der systematischen Beobachtungen gezielt in das Portfolio einfließen. Falls noch keine systematischen Beobachtungen stattfinden, sollte an dieser Stelle zunächst ein Beobachtungskonzept erarbeitet werden. Beobachtungen sind dabei immer sowohl individuell als auch auf kleinere Spielgruppen und Situationen bezogen.

Nach einer Zeit des Beobachtens, Dokumentierens, Erstellens sowie Sammelns von Arbeitsproben können nun erste Entwicklungsberichte und Präsentations-Portfolios verfasst werden und sogenannte Drei-Parteien-Gespräche mit Kindern und Eltern geführt werden.

Die Entscheidung für ein Portfolio ist immer auch die Entscheidung, Kindern eine individuell zugeschnittene Lernumgebung zu bieten und ihnen so eine optimale Förderung zu gewährleisten.

AUFGABEN ZUM PORTFOLIO

Aufgaben zum Portfolio	Status	Platz für Notizen über den Verlauf und Erfolg
1. Beginnen Sie, Arbeiten der Kinder zu sammeln. Beschriften Sie diese mit Datum, Name und Titel und legen Sie es im Portfolio des Kindes ab.	begonnen / fertiggestellt	
2. Machen Sie Fotos in und von unterschiedlichen Situationen während des Alltags.	begonnen / fertiggestellt	
3. Beginnen Sie damit, Lerntagebücher einzusetzen. Schreiben Sie über die vielfältigen Aktionen, Handlungen, Facetten, Themen und Aktivitäten der Kinder.	begonnen / fertiggestellt	
4. Interviewen Sie die Kinder zu unterschiedlichen Themen an unterschiedlichen Tagen.	begonnen / fertiggestellt	
5. Beginnen Sie nun, die im Beobachtungskonzept erstellten Aufgaben mit der Dokumentation im Portfolio zu kombinieren. Nutzen Sie ihre systematischen Beobachtungen zur Fortführung der Portfolios.	begonnen / fertiggestellt	
6. Beginnen Sie auf der Grundlage Ihrer Beobachtungen und mit Ihrem Wissen über die Kinder Entwicklungsberichte zu verfassen. Und das nicht nur für die Schulkinder, sondern regelmäßig für alle Kinder.	begonnen / fertiggestellt	
7. Führen Sie Zwei- und Drei-Parteien-Gespräche (Fachkräfte-Kinder bzw. Fachkräfte-Kinder-Eltern) über die Portfolios der Kinder.	begonnen / fertiggestellt	
8. Stellen Sie erste Präsentationsportfolios zusammen.	begonnen / fertiggestellt	

CHECKLISTE

PROBLEMANALYSE PORTFOLIO

Welcher Aspekt zur Erarbeitung des Moduls Portfolio war problematisch bzw. ist nicht geglückt?

	Benennung des Problems	Was sind die Ursachen? Liegen die Ursachen innerhalb der Einrichtung oder außerhalb?	Welche Lösungen gibt es? Warum konnte keine Lösung gefunden werden?
1. Problem			
2. Problem			
3. Problem			
4. Problem			
5. Problem			

Wie erging es mir als Fachkraft?

Waren die Anforderungen für mich erfüllbar und konnte ich alle Aufgaben im Alltag umsetzen?

Sind die Vorstellungen aus dem Konzept kompatibel mit dem Alltagsgeschehen?

Welche Reaktionen der Kinder, die den Prozess negativ beeinflusst haben, gibt es?

Welche Reaktionen der Kinder, die den Prozess positiv beeinflusst haben, gibt es?

CHECKLISTE

3.2 Entwicklung eines Dokumentationskonzepts

Für die kindorientierte Pädagogik eignet sich für die Dokumentation insbesondere das Portfolio. Es berücksichtigt die Beteiligung der Kinder an ihren Lerninhalten und -strategien, wie bereits dargestellt, in besonderer Weise. Deshalb liegt der Schwerpunkt in der Entwicklung eines Dokumentationssystems auf der Arbeit mit dem Portfolio.

3.2.1 Orientierungsphase

In der Orientierungsphase lernen alle Fachkräfte die bereits genutzten Dokumentationsformen kennen. In kollegialem Austausch vertiefen die Fachkräfte ihren Einblick in Dokumentationsformen der anderen Gruppen. Am Ende steht eine Verabredung über die wichtigsten Ziele der Dokumentation, die dann als Grundlage für die Erarbeitung eines Dokumentationskonzeptes dienen.

1. Schritt:
Vorstellungen von praktizierten Dokumentationsformen

Ziele:

1. Die Fachkräfte lernen die Dokumentationsformen der einzelnen Gruppen kennen.

2. Die Fachkräfte sollen die Bereiche erkennen, in denen bereits Dokumentationen angefertigt werden und die Bereiche, die noch nicht dokumentiert werden.

3. Die Dokumentationsformen von eingesetzten standardisierten Beobachtungsinstrumenten sollen allen Fachkräften bekannt sein.

Methode:
Gesprächsrunde, Dokumentenanalyse

Teilnehmer:
An der Teamsitzung nehmen alle pädagogischen Fachkräfte der Einrichtung teil.

Dauer:
Phase 1 = 60 – 90 Minuten, Phase 2 = 30 – 60 Minuten

Vorbereitung:
Die Moderatorin bittet die Fachkräfte, eine Präsentation ihrer Dokumentation vorzubereiten und auf der nächsten Teamsitzung vorzustellen. Damit die Vorstellung verständlich und nachvollziehbar ist, sollten anhand von Beispielen verschiedene Formen vorgestellt werden.

Durchführung:
Phase 1 – Vorstellung der Dokumentationssysteme im Plenum

1. Die Moderatorin stellt den Prozess und die Ziele für die Entwicklung des Dokumentationssystems vor. Danach stellt sie die Ziele für diese Gesprächrunde vor.

2. Die erste Fachkraft beginnt mit ihrer ca. 20 Minuten langen Vorstellung. Am Ende der Vorstellung haben die Kolleginnen die Möglichkeit, Fragen zu stellen.

3. Die anderen Fachkräfte stellen nacheinander ihre Dokumentationssysteme wie unter 2. beschrieben vor.

4. Am Ende der Vorstellung werden am Flipchart die Inhalte zusammengetragen. Dabei sollen folgende Fragen den Prozess leiten:

Fragen zur Entwicklung des Dokumentationskonzepts

- Was wird dokumentiert?
- Welche Form der Dokumentation wird genutzt?

- Wie ausführlich wird dokumentiert?
- Wie regelmäßig wird dokumentiert?
- Wie viel Zeit wird für die Dokumentation aufgebracht?
- Nutzt jemand ein externes Dokumentationssystem?
- Arbeitet jemand mit einem Portfolio?
- Wer kann die Dokumentationen einsehen? Gibt es eine öffentliche und eine nicht öffentliche Dokumentation?
- Sind die Kinder an den Dokumentationen beteiligt?

5. Am Ende der Sitzung übernimmt eine Fachkraft die Aufgabe, das zusammengefasste Ergebnis ins Reine zu übertragen und für alle zu kopieren.

6. Es wird vereinbart, dass die Fachkräfte in den nächsten Tagen in die Dokumentationen der Kolleginnen Einblick nehmen können, wenn sie etwas besonders interessiert. Dazu stellen die Kolleginnen die Aufzeichnungen zur Verfügung. Diese sollten allerdings in der Einrichtung eingesehen werden.

Die Sitzung endet mit einem Blitzlicht, in dem alle Fachkräfte ihre Eindrücke zusammentragen.

Phase 2 – Einblick in die Dokumentationen von Kolleginnen

Die Kollegin, die Einblick in eine Dokumentation einer anderen Kollegin haben möchte, teilt dieses ihrer Kollegin mit. Die angesprochene Kollegin entscheidet, ob sie der Kollegin ermöglichen möchte, sich ihre Dokumentation anzuschauen. Wenn Sie es nicht möchte, sollte sie der Kollegin eine Begründung dafür geben.

Wenn die Kollegin ihr Okay gibt, vereinbaren die Kolleginnen einen Termin für die Einsicht.

Als Ort für die Einsicht wird ein Raum in der Einrichtung ausgewählt.

Nachdem sich die Kollegin die Dokumentation angeschaut hat, steht die andere Kollegin für Rückfragen zur Verfügung. Gegebenenfalls ergibt sich ein interessantes Fachgespräch.

Die Kollegin, die sich die Dokumentation angeschaut hat, schreibt in wenigen Zeilen einen kurzen Kommentar, in dem sie das Interessanteste oder Spannendste des Austausches aufschreibt. Es werden keine Bewertungen der Kollegin oder deren Arbeit vorgenommen.

Die Kurzkommentare werden an einer Pinwand gesammelt und sind für alle Kolleginnen einsehbar.

2. Schritt: Austausch über Inhalte und Zweck von Dokumentationen

Ziele:

1. Das Team diskutiert über Inhalte und den Zweck von Dokumentation für die pädagogische Arbeit in der Einrichtung.

2. Die Fachkräfte erstellen eine Liste mit für dieses Team wichtigen Aspekten.

3. Das Team wählt Elemente für eine Dokumentation aus.

Methode:

Gesprächsrunde, Kleingruppenarbeit

Teilnehmer:

An der Teamsitzung nehmen alle pädagogischen Fachkräfte der Einrichtung teil.

Dauer:

120–180 Minuten (aufgeteilt auf zwei Teamsitzungen)

Vorbereitung:

Das Ergebnis der letzten Teamsitzung dient als Grundlage für den Einstieg in die Diskussion. Eine vergrößert Kopie sollte für alle sichtbar im Raum hängen.

Die Moderatorin bereitet DIN A4 große Karten vor, nach folgendem Muster eingeteilt:

Je eine Karte zur Dokumentation von Beobachtung ...

- in schriftlicher Form
- durch externe Verfahren
- mit Bild- und Tondokumenten

Je eine Karte zur Dokumentation von Gesprächen ...

- in schriftlicher Form
- durch externe Verfahren
- mit Bild- und Tondokumenten

Durchführung:

Phase 1 – Erarbeitung von Dokumentationsinhalten und -formen

1. Die Moderatorin stellt die Kurzkommentare der Einsicht in die Dokumentationen vor und bittet jede Fachkraft, kurz zu erläutern, ob ...

- die Auseinandersetzung mit der Dokumentation der Kollegin die eigenen Vorstellungen von Dokumentieren verändert hat?

- durch das Gespräch mit der Kollegin, die Einsicht hatte, sich etwas für die eigene Dokumentation verändert hat?

2. Danach erläutert die Moderatorin die Aufgaben und Ziele für die Sitzung. Sie stellt die vorbereiteten Karten vor. Die Kleingruppen haben die Aufgabe, auf die Karten wünschenswerte Inhalte unter dem jeweils inhaltlichen Bereich mit dieser Form der Dokumentation zu schreiben. Eine Gruppe arbeitet zum Bereich Beobachtungen, die andere zum Bereich Gespräche.

3. Nach der Kleingruppenarbeit werden die Karten aufgehängt und in einer gemeinsamen Diskussion ausgewertet. Die gesammelten Aspekte der Fachkräfte ergeben jetzt eine umfangreiche Matrix, auf der einrichtungsspezifisch Möglichkeiten der Dokumentation beschrieben sind. Dieses Ergebnis ist für die weitere Beschäftigung eine wichtige Hilfe, da hier bereits die Ideen der Fachkräfte gebündelt sind.

Phase 2 – Diskussion über den Zweck von Dokumentationen

1. Anhand der Ergebniskarten der letzten Teamsitzung wird in den neuen Arbeitsschritt eingeleitet. Die von den Fachkräften erarbeiteten Inhalte und Formen werden nun auf deren Verwendungszweck hin diskutiert.

2. Es bilden sich drei Kleingruppen. Die erste beschäftigt sich mit der Frage nach dem Verwendungszeck hinsichtlich der Beobachtungen, die zweite hinsichtlich der Gespräche und eine dritte Gruppe geht der Frage nach, ob es Dokumentationsaufgaben gibt, die durch die bisherige Erarbeitung nicht bedacht worden sind.

3. Nach der Gruppenarbeitsphase stellen die Gruppen ihre Ergebnisse vor. Es findet eine Diskussion im Plenum über die Ergebnisse statt. Ein besonderes Augenmerk gilt der dritten Gruppe. Unter der Fragestellung: Welche Aspekte wurden von dieser Gruppe benannt und welche Relevanz haben sie für die pädagogische Arbeit in der Einrichtung?, sollten die Ergebnisse ebenfalls vorgestellt und dann diskutiert werden.

4. Das Ergebnis dieser Sitzung wird schriftlich fixiert und ist die Grundlage für den Entwicklungsprozess des Dokumentationssystems. Die zusammengefasste Darstellung wird allen Fachkräften zur Verfügung gestellt.

3. Schritt: Diskussion eines Dokumentationskonzepts

Ziele:

1. Die Fachkräfte wählen Schwerpunkte der Dokumentation aus, die mit dem pädagogischen Schwerpunkt der Einrichtung kompatibel sind.

2. Es soll eine erste Skizze entstehen, in der Inhalte, Dokumentationsformen und -regeln benannt werden.

Methode:

Gesprächsrunde

Teilnehmer:

An der Teamsitzung nehmen alle pädagogischen Fachkräfte der Einrichtung teil.

Dauer:

60–90 Minuten

Vorbereitung:

Die Dokumentationen bzw. Karten aus den ersten beiden Schritten liegen vor.

Durchführung:

1. Die Moderatorin bittet die Fachkräfte auf einer Karte die beiden wichtigsten Erwartungen an ein Dokumentationssystem zu benennen. Auf einer anderen Karte sollen sie schreiben, welches das größte Hindernis für eine gute Dokumentation ist. Allerdings ohne dabei auf den Zeit- oder Personalaspekt einzugehen. Der Schwerpunkt liegt dabei auf der inhaltlichen Ebene.

2. Im anschließenden Analyseverfahren prüft die Moderatorin, inwieweit die Erwartungen der Fachkräfte ähnlich sind und an welchen Stellen es Differenzen gibt. Die Ähnlichkeiten werden in diesem Prozess nur kurz benannt. Auf die Differenzen geht die Moderatorin etwas intensiver ein. In einer geleiteten Diskussion versuchen die Fachkräfte, einen gemeinsamen konsensualen Standpunkt zu erreichen. Die Erwartungen der Fachkräfte haben für den Entwicklungsprozess insofern Bedeutung, als dass sie die Anmerkungen der Fachkräfte beeinflussen. Eine Fachkraft, die so wenig wie möglich dokumentieren will, wird versuchen, den Dokumentationsaufwand niedrig zu halten und fachlich dafür zu argumentieren. Dieser erste Schritt schafft einen gemeinsamen Ausgangspunkt für Teams, in die Konzeption einzusteigen. Sollte sich absolut kein Kompromiss erzielen lassen, ist eine Mehrheitsentscheidung notwendig. Dieser Block sollte nicht länger als 30 Minuten dauern.

3. Ebenso muss über die vermutlichen Hindernisse gesprochen werden. Hindernisse, die von mehreren Fachkräften als reale Hindernisse interpretiert werden, müssen weiter bearbeitet werden. Es bedarf einer Strategie, wie diese Hindernisse beseitigt werden könnten, damit das Konzept aufgrund dieser Hindernisse nicht an Qualität verliert. Möglicherweise gibt es tatsächlich auch Hindernisse, die nicht ausgeräumt werden können, dann bleibt kein anderer Weg, als das Konzept um das Hindernis herum zu denken. Dieser Block sollte maximal 20 Minuten in Anspruch nehmen. Beim Auftreten größerer Hindernisse sollte sich eine Gruppe mit dieser Fragestellung in einem gesonderten Termin beschäftigen.

4. Nachdem die Erwartungen geklärt sind, es einen Kompromiss dazu gibt und die Hindernisse bearbeitet sind, beginnt die Zusammenstellung und Benennung von Elementen für das Konzept. Dabei stehen vier Themenschwerpunkte im Fokus:

- Dokumentationsinhalte
- Dokumentationsverfahren
- Dokumentationsformen
- Dokumentationsregeln

5. In einer Plenumsdiskussion werden die einzelnen Schwerpunkte besprochen und jeweils festgelegt, welche Aspekte zentral für die Einrichtung sind. Die so entstandene Skizze dient als Grundlage für die Findungs- und Entwicklungsphase.

6. Eine Fachkraft übernimmt die Ausarbeitung der Skizze und stellt sie allen Kolleginnen zur Verfügung.

7. Das Team bespricht Regeln für die Dokumentation. Ein oder zwei Fachkräfte übernehmen die Aufgabe, die Regeln niederzuschreiben. Die Regelsammlung wird allen zur Durchsicht gegeben, wenn noch Änderungen gewünscht werden, dann werden diese besprochen. Die fertige Regelsammlung ist das erste fertige Dokument für das Dokumentationssystem.

8. Die Moderatorin weist darauf hin, dass die nächste Teamsitzung das Portfolio zum Inhalt hat. Dazu muss eine Literaturanalyse durchgeführt werden. Eine Fachkraft übernimmt die Aufgabe, Literatur zu besorgen.

9. Eine Kleingruppe übernimmt die Aufgabe, sich mit dem Gedanken des Portfolios vertraut zu machen und auf der nächsten Teamsitzung vorzustellen. Es wird einige Tage in Anspruch nehmen, Literatur zum Portfolio zu recherchieren und dann zu bearbeiten. Es sollten aber nicht mehr als 14-20 Tage zwischen den beiden Teamsitzungen vergehen.

3.2.2 Findungs- oder Entwicklungsphase

In dieser Phase beschäftigt sich das Team mit dem Portfolio. Die Teams erproben das erarbeitete Modell, um es auf Praxistauglichkeit zu prüfen und im Anschluss daran in ein gesichertes Konzept überführen zu können. Wichtig ist die Teamdiskussion, in der viele Fragen gestellt werden.

M

4. Schritt:
Einführung des Portfoliogedankens mit anschließender Diskussion

Ziel:
Die Fachkräfte lernen das Portfolio kennen.

Methode:
Präsentation durch Kolleginnen, Referat

Teilnehmer:
An der Teamsitzung nehmen alle pädagogischen Fachkräfte der Einrichtung teil.

Dauer:
180–240 Minuten

Vorbereitung:
Die Fachkräfte, die sich bereit erklärten, das Portfolio vorzustellen, haben die vorliegende Literatur analysiert und ein Referat bzw. eine Präsentation erarbeitet. Es ist für den Verstehensprozess hilfreich, wenn die Präsentation lebendige Elemente, Beispiele und Folien, Diagramme oder Ähnliches beinhalten würde.

Durchführung:
1. Die Kolleginnen stellen die Idee, die Vorteile und alle wichtigen Bestandteile eines Portfolios vor. Das Referat sollte ausführlich sein, da die Arbeit mit dem Portfolio eingeführt werden soll.

?

2. *Teamdiskussion über das Portfolio*

- Gibt es noch inhaltliche Fragen?
- Was ist das Gute an einem Portfolio?
- Was ist weniger positiv an einem Portfolio?
- Wie können die Kinder an den Dokumentationen beteiligt werden?
- Wie kann man die Eltern zur Kooperation gewinnen?
- Welche Verbesserungen bringt ein Portfolio für die Arbeit in der Einrichtung?
- Kann die einzelne Fachkraft sich vorstellen, das Portfolio zu nutzen?

3. In einer nächsten Teamsitzung werden die Elemente des Portfolios mit der Skizze des Dokumentationssystems in Verbindung gebracht. Alle Fachkräfte machen sich bis dahin schon einmal Gedanken über die Ausgestaltung der Zusammenführung.

4. Zum Abschluss der Sitzung thematisieren die Fachkräfte in einem kurzen Blitzlicht ihren individuellen Eindruck zum Portfolio.

M *5. Schritt: Ausarbeitung des Dokumentationssystems in Form eines Portfolios*

Ziel:
Es soll ein vorläufiges Modell eines Dokumentationssystems in Form eines Portfolios entwickelt werden.

Methode:
Kleingruppen, Gesprächrunde

Teilnehmer:
An der Teamsitzung nehmen alle pädagogischen Fachkräfte der Einrichtung teil.

Dauer:
240–300 Minuten verteilt auf mehrere Tage

Vorbereitung:
keine

Durchführung:
Phase 1 – Entwicklung eines Portfolios

1. Zu Beginn dieses Arbeitsschrittes treffen sich alle Fachkräfte im Team. Die Moderatorin erklärt den nächsten Schritt der Erarbeitung. Dazu bilden sich drei Kleingruppen mit, je nach Größe der Einrichtung, zwei bis drei Teilnehmerinnen. Jede Kleingruppe bearbeitet eine Portfolio-Art: Das private Portfolio, das Lern-Portfolio und das Präsentationsportfolio.

2. Die Kleingruppen übernehmen dabei jeweils die Aufgabe, für die ausgewählte Portfolio-Art ein vorläufiges Handlungskonzept zu entwickeln. Dabei berücksichtigen sie die erarbeitete Skizze.

? *Fragen zur Erarbeitung:*

- Welche Dokumente werden in das Portfolio aufgenommen? (Schriftliche Aufzeichnungen, Bilder, Ton- und Videomitschnitte, Arbeitsproben der Kinder, Ergebnisse von Analysen, Lerntagebücher) und was beinhalten diese?

- Welche Inhalte (Situationen, Szenen, Aktivitäten, Fähig- und Fertigkeiten etc.) werden dokumentiert?

- In welcher Häufigkeit wird dokumentiert?

- Wer dokumentiert?

- Wann findet ein Austausch über die Dokumentation statt?

3. Die Erarbeitung dieser Skizze wird einige Tage in Anspruch nehmen. Die Kleingruppen organisieren die Termine eigenständig. Es wird ein Termin vereinbart, an dem alle drei Gruppen ihre Ergebnisse vorlegen.

Phase 2 – Diskussion der Konzeptvorschläge

1. In einer Teamsitzung stellt jede Gruppe ihre Ergebnisse vor.
2. Es findet eine Diskussion über alle drei Konzepte statt.
3. Wenn es in dieser Sitzung schon möglich ist, wird ein gemeinsames Konzept für alle drei Portfolio-Arten verabschiedet. Falls einige Fachkräfte noch Zeit benötigen, wird die Entscheidung um einige Tage verlegt.
4. Nach der Entscheidung wird das vorläufige Konzept von einer Person ins Reine geschrieben und an alle verteilt.

M 6. Schritt: *Erprobung der Arbeit mit Portfolio*

Ziele:

1. Stärken und Schwächen des Modells erkennen.
2. Die Fachkräfte erkennen ihre Stärken und Schwächen in der Dokumentation.
3. Die Verknüpfung von systematischer Beobachtung und Dokumentation.

Methode:

Praktische Erprobung in den Gruppen

Teilnehmer:

Alle pädagogischen Fachkräfte der Einrichtung

Dauer:

Bis zu drei Monate

Vorbereitung:

Planung der Praxisphase

Durchführung:

Phase 1 – Planung der Erprobungsphase

1. Für die Erprobung des Konzeptes bietet sich ein methodisch festgelegtes Verfahren an. Es empfiehlt sich, nach folgenden Schritten vorzugehen, die Cathy Grace und Elizabeth F. Shores in ihrem Buch »Das Portfoliobuch für Kindergarten und Grundschule« sehr eindrucksvoll beschreiben.

M *Verfahren zur Erprobung des Konzeptes:*

- Beginnen Sie Arbeiten der Kinder zu sammeln. Beschriften Sie diese mit Datum, Name und Titel und legen Sie es im Portfolio des Kindes ab.
- Machen Sie Fotos in und von unterschiedlichen Situationen während des Alltags.
- Beginnen Sie damit, Lerntagebücher einzusetzen. Schreiben Sie über die vielfältigen Aktionen, Handlungen, Facetten, Themen und Aktivitäten der Kinder.
- Interviewen Sie die Kinder zu unterschiedlichen Themen an unterschiedlichen Tagen.
- Beginnen Sie nun, die im Beobachtungskonzept erstellten Aufgaben mit der Dokumentation im Portfolio zu kombinieren. Nutzen sie ihre systematischen Beobachtungen zur Fortführung der Portfolios.
- Beginnen Sie auf der Grundlage Ihrer Beobachtungen und mit Ihrem Wissen über die Kinder Entwicklungsberichte zu verfassen. Und das nicht nur für die Schulkinder, sondern regelmäßig für alle Kinder.
- Führen Sie Zwei- und Drei-Parteien-Gespräche (Fachkräfte-Kinder bzw. Fachkräfte-Kinder-Eltern) über die Portfolios der Kinder.
- Stellen Sie erste Präsentationsportfolios zusammen.

2. Für diesen Prozess der Erprobung benötigt man Zeit. Fachkräfte sollten dabei nichts überstürzen, sondern sich Zeit lassen. Es ist wichtig zu erfahren, wie die einzelnen, zum Teil neuen, Elemente auf die Fachkräfte wirken. Es bedarf der ständigen Vergewisserung, die Dokumente des Portfolios immer sinnvoll zu bedienen. Die Fachkräfte sollten dabei immer das eigene Dokumentationskonzept vor Augen haben und sich an die Schwerpunktsetzung erinnern.

Phase 2 – Zwischenbilanzgespräch

1. Das Zwischenbilanzgespräch ermöglicht Teams, offene Fragen zu klären, erste Erfahrungen auszutauschen und gegebenenfalls Umsteuerungen vorzunehmen.

2. Sollten sich die Schwerpunkte bzw. Inhalte der Beobachtung oder die Methoden und Verfahren ändern, muss die Konzeptskizze dementsprechend angepasst werden.

3. Es wird ein Datum für den Abschluss der Erprobung festgelegt.

4. Die Fachkräfte notieren im laufenden Prozess immer wieder für sie wichtige Aspekte, damit diese im Laufe der Zeit nicht verwässern oder in Vergessenheit geraten.

Phase 3 – Fortsetzung der Erprobung

1. Die Erprobung der Methoden und Verfahren wird bis zum vereinbarten Datum, wie unter Schritt 5 – Phase 1 beschrieben, fortgesetzt.

7. Schritt: Austausch in den Gruppen

Ziele:

1. Die Fachkräfte tauschen im Team die Erfahrungen der Erprobungsphase aus.

2. Das Team dokumentiert das vorläufige Konzept der Arbeit mit einem Portfolio. Es werden Schwachstellen ausgebessert und gut funktionierende Elemente gestärkt.

3. Es gibt einen Teambeschluss zu den Inhalten des Dokumentationskonzeptes.

Methode:

Gesprächsrunde

Teilnehmer:

Alle pädagogischen Fachkräfte der Einrichtung

Dauer:

120–180 Minuten

Vorbereitung:

keine

Durchführung:

Phase 1 – Reflexion der Erprobung

1. Die Moderatorin beschreibt den Prozess der Erprobung aus ihrer Sicht und nutzt dafür ihre Aufzeichnungen. Sie stellt die positiven Seiten des Verlaufes vor und stärkt somit das Team. Sie vermeidet zunächst, über die Probleme zu reden, damit die Diskussion über die positiven Aspekte anläuft.

2. Die Fachkräfte werden gebeten, zu den Ausführungen der Moderatorin Stellung zu beziehen und die Aussagen durch eigene Erfahrungen zu ergänzen. Es entsteht eine Diskussion. Die Moderatorin weist am Anfang nochmals darauf hin, dass zunächst einmal nur die positiven Erfahrungen besprochen werden.

3. Eine Kollegin notiert in Spiegelstrichen alle positiven Aspekte am Flipchart. Diese werden nach der Sitzung an alle verteilt.

4. Nach der Diskussion über die positiven Erfahrungen wird eine kritische Analyse der Probleme und negativen Erfahrungen begonnen. Dieses Mal beginnt nicht die Moderatorin, sondern sie fragt in die Runde, welche negativen Erfahrungen oder Probleme es gegeben hat.

5. Auch hier werden die Aspekte am Flipchart notiert und später verteilt.

6. Anders als bei den positiven Erfahrungen müssen die negativen bearbeitet werden und gegebenenfalls aus dem Weg geräumt werden. Dabei ist es notwendig, eine Problemanalyse zu betreiben.

Fragen zur Problemanalyse:

- Wenn es nicht funktioniert hat – kamen die Beeinträchtigungen aus der Einrichtung und sind zu beheben oder liegen externe Gründe vor, die vom Team nicht behoben werden können?
- Fühlte ich mich als Fachkraft überfordert und wusste nicht, wie ich reagieren sollte? Oder gab es keine Möglichkeiten der Umsetzung im Alltag?
- Sind die Vorstellungen aus dem Konzept kompatibel mit dem Alltagsgeschehen?
- Gibt es Reaktionen der Kinder, die den Prozess negativ beeinflusst haben?

7. Am Ende des Auseinandersetzungsprozesses sollten für die aufgeführten negativen Erfahrungen und Probleme möglichst Lösungsvorschläge erarbeitet worden sein.

Phase 2 – Konzeptentscheidungen

1. Am Ende dieser Sitzung gibt es einen Beschluss des Teams, wie das Konzept zur Dokumentation aussehen soll. Dabei sind die Grundlagen des Portfolios zu beachten, das vorläufige Konzept zur Dokumentation und die reichhaltigen Praxiserfahrungen der Fachkräfte.

2. Es werden zwei Fachkräfte benannt, die das Konzept gemeinsam mit der Moderatorin schriftlich fixieren.

3.2.3 Umsetzungs- und Reflexionsphase

In dieser letzten Phase der Erarbeitung eines Beobachtungskonzeptes wird das im Team erarbeitete und verabschiedete Konzept in den pädagogischen Alltag eingeführt. Dieser schrittweise Prozess wird individuell in den Gruppen durchgeführt und an verschiedenen Stellen im Prozess im Team reflektiert. Am Ende dieses Implementationsprozesses ist das Konzept in die pädagogischen Handlungen und Abläufe integriert.

8. Schritt: Implementation des Dokumentationskonzepts in den pädagogischen Alltag

Ziel:
Das Konzept und die Arbeit mit dem Portfolio wird in den Alltag integriert und gehört zu den Basiskompetenzen der Fachkräfte.

Methode:
Umsetzung in der Praxis

Teilnehmer:
Pädagogische Fachkräfte in den Gruppen

Dauer:
Die Überführung des Dokumentationssystems in die Praxis bedarf nicht wie beim Beobachtungskonzept einer längeren Phase. Durch die Erprobung ist das Modell prinzipiell schon implementiert. Gegebenenfalls ergeben sich durch Modifikationen am Konzept noch kleinere Änderungen, die aber vermutlich unproblematisch umzusetzen sind.

Vorbereitung:
Es müssen beschreibbare Hefte und Mappen für die unterschiedlichen Portfolio-Arten vorhanden sein.

Durchführung:
1. Die Fachkräfte implementieren das Konzept in den Alltag, indem sie ihre durch das Konzept festgelegten Aufgaben durchführen. Die Kommunikation über die Dokumentationen mit den anderen Fachkräften spielt dabei eine wichtige Rolle, da der Austausch allen Beteiligten mehr Wissen über Prozesse und Kinder zukommen lässt.

2. Durch eine gezielte Kommunikationsstruktur können individuelle Förderbedarfe identifiziert und Interessen und Wünsche der Kinder in die Alltagsplanung aufgenommen werden.

3. Das Konzept ist in der Praxis implementiert, wenn es in allen Gruppen der Einrichtung von allen Fachkräften umgesetzt wird.

9. Schritt: Reflexion des Arbeitsprozesses

Ziele:

1. Durch die Reflexion des Arbeitsprozesses lassen sich die einzelnen Schritte retrospektiv beschauen, somit können gelungene und weniger gelungene Arbeitsschritte bestimmt werden.

2. Die Praxistauglichkeit der Methoden und Verfahren wird durch die versetzte Reflexion nochmals bewertet.

Methode:

Gesprächrunde

Teilnehmer:

Alle pädagogischen Fachkräfte

Dauer:

Für die Reflexion sollten 90-120 Minuten angesetzt werden.

Vorbereitung:

Es sind keine besonderen Vorbereitungen nötig.

Durchführung:

1. Die Moderatorin fasst den Prozess einleitend aus ihrer Sicht zusammen. Dazu hängt sie die die Grafiken aus der Orientierungsphase auf.

2. Danach diskutieren die Fachkräfte über den Prozess der Entwicklung des Konzeptes.

3. Die Erfahrungen in diesem Teil der systematischen Entwicklung von Basiskompetenzen und die Erfahrungen aus der Entwicklung eines Beobachtungskonzeptes werden miteinander verglichen. So ist es möglich zu schauen, ob sich Fehler und Probleme des ersten Durchgangs wiederholt haben oder ob diese vermieden werden konnten. Auch hier sollte der Blick auf den letzten Bereich, der Entwicklung eines pädagogischen Planungsmodelles, hinsichtlich der Optimierung von Prozessen gerichtet werden.

4. Am Ende der Sitzung teilt jede Fachkraft mit, wie zufrieden sie mit dem Ergebnis, sprich mit dem Konzept, ist.

10. Schritt: Ergebnissicherung und Erfolgskontrolle

Ziele:

1. Es gibt in der Einrichtung einen verlässlichen Standard »Dokumentation«.

2. Der Träger, die Fachberatung, die Eltern und alle pädagogischen Fachkräfte kennen den Standard und wissen, welche Aufgaben damit verbunden sind.

3. Neu eingestellte Fachkräfte können an hand des Standards einen schnellen Einblick in die Beobachtungsmethoden und -verfahren der Einrichtung gewinnen.

Methode:

Gesprächrunde in Kleingruppe

Teilnehmer:

Einrichtungsleitung, Trägervertretung, Fachberatung, ein bis zwei Vertreterinnen der Fachkräfte

Dauer:

Für die Entwicklung des Standards sollten 180-240 Minuten eingeplant werden.

Vorbereitung:

Einladung aller beteiligten Personen. Die Moderatorin bereitet sich auf diesen Termin vor, indem sie den Beteiligten erklären kann, wozu ein Standard notwendig ist und was ein Standard ist.

Durchführung:

Phase 1 – Gesprächsrunde im Arbeitskreis »Standardentwicklung«

1. Die Moderatorin stellt kurz die bisher geleisteten Entwicklungsarbeiten vor und berichtet von den Erfahrungen aus der Praxis. Sie erklärt nun die Notwendigkeit der Ergebnissicherung in Form der Standardentwicklung, sodass es für alle Beteiligten nachvollziehbar ist.

2. Die Entwicklung des Standards zur Dokumentation ist eng verknüpft mit dem Dokumentationssystem. Der Standard ist lediglich abstrakter formuliert, in ihm wird die grundlegende Absicht erläutert.

3. Die Arbeitsgruppe diskutiert gemeinsam über die Formulierung des Standards und beauftragt Mitglieder der Gruppe, diesen aufgrund der Diskussionsergebnisse umzusetzen.

Phase 2 – Formulierung des Standards

Die beauftragten Mitglieder der Standardentwicklungsgruppe formulieren einen Standard zur Dokumentation.

Phase 3 – Abschließende Beratung

Abschließend findet eine Beratung in der Standardentwicklungsgruppe statt. In dieser Sitzung wird der Standard verabschiedet. Die Einrichtung wie der Träger haben somit einen verlässlich Standard für die Einrichtung erarbeitet, der diese nun charakterisiert und Verlässlichkeit gegenüber den Eltern signalisiert.

ZEHN SCHRITTE ZUM DOKUMENTATIONSKONZEPT

Schritte 1–6 zum Dokumentationskonzept	Ziele
1. Vorstellungen von praktizierten Dokumentationsformen	Die Fachkräfte kennen die Dokumentationsformen der einzelnen Gruppen. Die Fachkräfte erkennen die Bereiche, in denen bereits Dokumentationen angefertigt werden und die Bereiche, die noch nicht dokumentiert werden. Die Dokumentationsformen von eingesetzten standardisierten Beobachtungsinstrumenten sind allen Fachkräften bekannt.
2. Austausch im Plenum über Inhalte und Zweck von Dokumentationen	Das Team diskutiert über Inhalte und den Zweck von Dokumentation für die pädagogische Arbeit in der Einrichtung. Die Fachkräfte erstellen eine Liste mit für dieses Team wichtigen Aspekten. Das Team wählt Elemente für eine Dokumentation aus.
3. Diskussion eines Dokumentationskonzepts	Die Fachkräfte wählen Schwerpunkte der Dokumentation aus, die mit dem pädagogischen Schwerpunkt der Einrichtung kompatibel sind. Es gibt eine erste Skizze, in der Inhalte, Dokumentationsformen und -regeln benannt werden.
4. Einführung des Portfoliogedankens mit anschließender Diskussion	Die Fachkräfte lernen das Portfolio kennen.
5. Erarbeitung und Kurzdokumentation des Beobachtungskonzepts	Es gibt ein vorläufiges Modell eines Dokumentationssystems in Form eines Portfolios.
6. Ausarbeitung des Dokumentationssystems in Form eines Portfolios	Stärken und Schwächen des Modells erkennen. Die Fachkräfte erkennen ihre Stärken und Schwächen in der Dokumentation. Die Verknüpfung von systematischer Beobachtung und Dokumentation.

Status	Platz für eigene Notizen
begonnen fertiggestellt	
begonnen fertiggestellt	
begonnen fertiggestellt	
begonnen fertiggestellt	
begonnen fertiggestellt	
begonnen fertiggestellt	

ZEHN SCHRITTE – FORTSETZUNG

Schritte 7–10 zum Dokumentationskonzept	**Ziele**
7. Austausch in den Gruppen und im Plenum	Die Fachkräfte tauschen im Team die Erfahrungen der Erprobungsphase aus. Das Team manifestiert das vorläufige Konzept der Arbeit mit einem Portfolio. Es werden Schwachstellen ausgebessert und gut funktionierende Elemente gestärkt. Es gibt einen Teambeschluss zu den Inhalten des Dokumentationskonzeptes.
8. Implementation des Dokumentationskonzepts in den pädagogischen Alltag	Das Konzept und die Arbeit mit dem Portfolio ist in den Alltag integriert und gehört zu den Basiskompetenzen der Fachkräfte.
9. Reflexion des Arbeitsprozesses	Durch die Reflexion des Arbeitsprozesses lassen sich die einzelnen Schritte retrospektiv beschauen, somit können gelungene und weniger gelungene Arbeitsschritte bestimmt werden. Die Praxistauglichkeit der Methoden und Verfahren wird durch die versetzte Reflexion nochmals bewertet.
10. Ergebnissicherung und Erfolgskontrolle	Es gibt in der Einrichtung einen verlässlichen Standard »Dokumentation«. Der Träger, die Fachberatung, die Eltern und alle pädagogischen Fachkräfte kennen den Standard und wissen, welche Aufgaben damit verbunden sind. Neu eingestellte Fachkräfte können anhand des Standards einen schnellen Einblick in die Beobachtungsmethoden und -verfahren der Einrichtung gewinnen.

Status	Platz für eigene Notizen
begonnen fertiggestellt	
begonnen fertiggestellt	
begonnen fertiggestellt	
begonnen fertiggestellt	

CHECKLISTE DOKUMENTATION (siehe Schritt 1 und 2, S. 88)

	täglich	jeden 2. Tag	1x wöchentlich	1–2x monatlich	seltener
Wie häufig dokumentieren Sie?					

Wenn Sie seltener als einmal wöchentlich dokumentieren, erläutern Sie kurz, warum Ihnen das ausreichend ist.

	Zu allen	Für die Hälfte	Für wenige	Keine Kinderspezifischen
Zu wie vielen Kindern haben Sie Dokumentationen?				

Wenn Sie nicht für jedes Kind eine eigene Dokumentation haben, beschreiben Sie kurz, warum nicht und welche alternative Form der Dokumentation Sie nutzen!

	Bis 15 min	Bis 30 min	Bis 45 min	Bis zu 1 h	Mehr als 1 h
Wie viel Zeit benötigen Sie in der Woche zum Dokumentieren?					

	Nein	Ja, ausschließlich	Ja, aber nicht für alles	Ja, aber nur sehr wenig
Nutzen sie ein externes Dokumentationssystem?				

Welche(s) externe(n) Dokumentationssystem(e) nutzen Sie?

	Tabellen	Stichwörter	Kurze Sätze	Kurze Passagen	Ausführliche Passagen
Wie umfangreich sind Ihre Dokumentationen?					

	ja	nein	Wenn nein, warum nicht?
Unterscheiden Sie zwischen einer öffentlichen und nicht öffentlichen Dokumentation?			

	nein	ja	Wenn ja, in welcher Form dokumentieren die Kinder?
Dokumentieren Sie gemeinsam mit den Kindern?			

	Die Leitung	Die Kolleginnen	Die Eltern	Die Kinder	Niemand
Wer kann die Dokumentation einsehen?					

Beschreiben Sie kurz, was Sie dokumentieren!

	Nein, kenne ich nicht	Nein, gefällt mir nicht	Ja, aber nur mit Teilen des Portfolios	Ja
Arbeiten sie mit einem Portfolio?				

4 Entwicklung eines pädagogischen Planungskonzepts

Nach der Entwicklung des Beobachtungs- und Dokumentationskonzeptes steht nun im letzten Schritt die Entwicklung eines Planungskonzeptes an. Mit der Erarbeitung dieses Moduls schließt sich der dynamische Kreis der kindorientierten Konzeptentwicklung. Die pädagogische Planung stellt sicher, dass die durch Beobachtungen und Gespräche gewonnenen Informationen in die praktische Arbeit einfließen.

Auf der Basis der Beobachtungen und den Aufzeichnungen im Portfolio können nun gezielte, kindorientierte und individuelle Aktivitäten und Angebote sowie der Alltag der Kindergruppe geplant und umgesetzt werden.

Mit der Umsetzung der pädagogischen Planung ist der Punkt skizziert, an dem die Kinder der Gruppe »die Früchte« der Bemühungen durch die Fachkräfte ernten. An dieser Stelle kommt den Kindern unmittelbar der Aufwand der Konzeptuierung und der Planung zugute. Die hier umgesetzten Prozesse und Aktivitäten sind für die Kinder im Alltag der Einrichtung Erlebbares.

Nachdem zunächst die Grundlagen der pädagogischen Planung skizziert werden, wird im Anschluss daran der Fokus auf die Projektplanung und deren Bezüge zu diesem Konzept beschrieben.

4.1 Grundlagen der Planung

Die Grundlagen der pädagogischen Planung sind sehr umfassend, sie können hier nicht in all ihren Variationen behandelt werden. Es soll vorrangig auf unterschiedliche Planungsmodelle eingegangen werden. Insbesondere wird der Schwerpunkt der Betrachtungen auf der Projektplanung liegen, da diese in ihrer nicht statischen Art und Weise am besten mit den in diesem Konzept entwickelten Grundsätzen korrespondiert.

Auf unterschiedliche konzeptionelle Ansätze kann hier nicht eingegangen werden. Das Konzept der kindorientierten Pädagogik schließt an viele bekannte Konzepte an und ist in vielen Punkten kompatibel. Seien es die Überlegungen von Friedrich Fröbel, Ellen Key, Maria Montessori, Rosa und Carolina Agazzi, Janus Korczak oder Ansätze wie der Situationsansatz, der Reggiopädagogik, Lebensweltbezogenheit in der Pädagogik, Altersmischung, der offene Ansatz oder ein Ansatz wie er im Kriterienkatalog »Pädagogische Qualität in Tageseinrichtungen für Kinder« beschrieben wurde, der sich an einem ko-konstruktivistisch-humanistischen Weltbild orientiert. Es ist nicht verwunderlich, dass der Situations-, der lebensweltbezogene oder der ko-konstruktivistisch-humanistische Ansatz Projektplanung als die effektivste Planungsmethode in ihrem jeweiligen Konzept verstehen.

In allen Ansätzen steht das Kind im Vordergrund und den Fachkräften kommt eine beobachtende, begleitende und fördernde Rolle zu. Diese findet sich ebenfalls im kindorientierten Ansatz wieder.

4.1.1 Planungsmodelle

In diesem Kapitel werden die Wochen-, Monats und Jahresplanung, die jahreszeitenorientierte Planung sowie die Projektplanung vorgestellt. Dabei wird die Projektplanung ausführlicher dargestellt.

Wochen-, Monats- oder Jahrespläne

Ein verbreitetes Planungsmodell ist die Planung des Tagesablaufes, der Aktivitäten und Angebote in Wochen- oder Monatsplänen. In diesen Modellen wird das pädagogische Angebot für den jeweiligen Zeitabschnitt mehr oder weniger explizit geplant. Die Pläne dienen sowohl den Fachkräften als auch den Eltern zur Orientierung. In der Regel bedürfen diese Pläne jeweils nochmals einer Detailplanung durch die Fachkräfte. Der Einbezug der Kinder in die Planung ist in der Regel nicht vorgesehen. Der Vorteil dieser Planungsart ist es, dass Fachkräfte die Angebote in den verschiedenen Förderbereichen gut miteinander balancieren können und alle wichtigen Kompetenzen der Kinder fördern können. Ein großer Nachteil dieses Modells ist, dass es wenig flexibel ist und nur bedingt auf die Interessen, Wünsche und Bedürfnisse der Kinder eingegangen werden kann. Zwar ist es im Prinzip mit der kindorientierten Pädagogik vereinbar, aber die zeitlichen Verzögerungen, mit denen auf die Kinder eingegangen werden kann, sind in der Regel viel zu groß. Bezieht sich dieses Planungsmodell allerdings auf die Beobachtungen und Dokumentationen der Fachkräfte, dann kann mit der Planung im Wochenrhythmus auch die Idee der kindorientierten Pädagogik in einem gewissen Rahmen umgesetzt werden. Allerdings wird der Aspekt der Einbeziehung der Kinder in die Gestaltungsprozesse und die Mitbestimmung im Alltag vernachlässigt und somit ein Grundpfeiler der kindorientierten Pädagogik ignoriert.

Die Ausdehnung auf eine Monatsplanung ist mit der kindorientierten Pädagogik ebenso wenig vereinbar wie mit einer Jahresplanung.

Allerdings kann eine Jahresplanung den Prozess einer kindorientierten Pädagogik unterstützen, indem in der Jahresplanung wichtig Eckpunkte benannt werden, die für verschiedene Altersgruppen innerhalb einer Gruppe wichtig sind. Die entwicklungsorientierten Themen können innerhalb einer Jahresplanung ihren Platz finden, wenn sie die handlungsorientierten Themen der Kinder integrieren und als Ausgangspunkt für die Förderung der individuellen Kompetenzen nutzbar machen.

Jahresrhythmusorientiertes Planen

Ein anderer Ansatz der Planung, der allerdings häufig mit der Planung in Wochen- und Monatszyklen einhergeht, ist das **Planen pädagogischer Prozesse und Aktivitäten in einem jahreszeitlichen Rhythmus**. Hierbei finden die kindergartenspezifischen Ereignisse, wie beispielsweise Einschulung, Sommerfest, Eingewöhnung, die allgemeinen gesellschaftlichen Ereignisse wie religiöse Feiertage und gesellschaftliche Feste, und die jahreszeitlichen Anlässe wie Sommer, Herbst, Winter und Frühling, Berücksichtung. Die pädagogischen Prozesse und Aktivitäten werden um die Ereignisse des Jahresrhythmus' arrangiert und auf diese abgestimmt. Nicht dass die Ereignisse für die Kinder keinerlei Bedeutung haben, sie sind sogar wichtig, um kulturelle Identität zu entwickeln und andere Kulturen kennenzulernen oder auch die Natur in verschiedenen Phasen zu erfahren, aber sie stehen nicht im Mittelpunkt des kindlichen Erlebens.

Im Sinne der kindorientierten Pädagogik wäre es sinnvoll, die Themen, die sich aus dem kulturellen, religiösen und gesellschaftlichen Umfeld der Kinder ergeben, in eine kindorientierte Pädagogik in der Form zu integrieren, dass sie durch handlungsorientierte Themen in die Gruppe getragen werden und durch sie entwicklungsorientierte Themen angesprochen werden.

Themen entwicklungs- und handlungsorientiert gestalten

Es ist nicht vorstellbar, dass das Thema Weihnachten für die Kinder in der Vorweihnachtszeit keine Rolle spielt. Die Kinder werden unterschiedliche Erwartungen, Wünsche, Interessen, Bedürfnisse und auch Fragen mit dem Thema Weihnachten verbinden. Anstelle einer dezidierten Planung der Adventzeit, in der feststeht welche Bastelarbeiten wann von welchen Kindern ausgeführt werden, welche Geschichten vorgelesen werden und welche Lieder gesungen werden, ist eine sinnvolle Alternative, zu schauen, wann das Thema Weihnachten für die Kinder relevant wird und welche Interessen die Kinder damit verbinden. Dieses Thema gemeinsam mit den Kindern zu entwickeln und zu planen, garantiert ein spannender Prozess bis weit nach Weihnachten zu werden. Kinder werden Ideen und Fragen entwickeln, die sie niemals in der Tageseinrichtung entwickelt hätten, wenn nicht die Atmosphäre für Entwicklung vorhanden gewesen wäre.

Ein ähnliches Vorgehen ist auch für Themen wie Winter, Herbst, Ostern, Einschulung, Sommerfest etc. vorstellbar. Sie alle können sehr sinnvolle Anlässe für eine umfassende, individuelle Förderung werden.

Projektplanung

Projektarbeit ist ein Begriff, der in vielen Kontexten der Pädagogik verwendet wird, so auch in der Kleinkindpädagogik. Aber mit der vielfachen Nutzung dieses Begriffes in unterschiedlichen Kontexten verwässert der Begriff Projekt auch stark. Unterscheidet sich ein Projekt eines Architekten eigentlich von einem wissenschaftlichen Projekt? Und inwieweit unterscheidet sich ein Projekt in der Schule von einem Projekt in einer Tageseinrichtung für Kinder? Zwischen all diesen Projekten gibt es Gemeinsames und Unterschiedliches.

PROJEKTENTWICKLUNG

Für die Arbeit in Tageseinrichtungen für Kinder lässt sich auf eine **Definition von Projektarbeit** zurückgreifen, die von Lilian G. Katz und Sylvia C. Chard, aufgestellt wurde und in dem Aufsatz »Der Projekt-Ansatz« in: ›Pädagogische Ansätze im Kindergarten‹ von W. E. Fthenakis und M. R. Textor folgendermaßen übersetzt wurde:

»Ein Projekt ist eine längerfristige Untersuchung eines Themas, die in der Regel von einer ganzen Klasse, meistens aufgeteilt in Kleingruppen, manchmal auch nur von einer Gruppe von Kindern aus der Klasse oder gelegentlich nur von einem einzelnen Kind durchgeführt wird. Diese Untersuchung schließt verschiedene Aspekte eines Themas ein, die sowohl die teilnehmenden Kinder interessieren als auch von ihren Lehrer/innen als sinnvoll angesehen werden.«

Diese Definition zeigt deutlich den Anspruch, der an die Projektarbeit gestellt wird. Diese sind im Einzelnen:

- Beschäftigung mit einem Thema und dessen Variationen ...
  - über einen längeren Zeitraum,
  - aus verschiedenen Perspektiven,
  - durch Kleingruppen oder einzelne Kinder,
  - im Sinne von handlungsorientierten Themen,
  - im Sinne von entwicklungsorientierten Themen.

- Förderung ...
  - von individuellen Kompetenzen, gemeinschaftlichen Interessen und Erfahrungen und Allgemeinwissen,
  - von Lernstrategien,
  - von Lernmethoden,
  - von selbstständigem Arbeiten,
  - von Problemlösungsstrategien,
  - gemeinschaftlichen Arbeitens.

- Einbeziehung der Interessen, Wünsche, Bedürfnisse und Kompetenzen der Kinder

- Orientierung an
  - fachwissenschaftlichen Erkenntnissen,
  - Erfahrungswissen der Fachkräfte.

? *Welche Vorteile der Projektarbeit können im Vergleich zu den anderen Planungsmethoden benannt werden?*

1. Da bei der Projektarbeit keine isolierten Angebote durchgeführt werden, sondern sie sich aus einer Reihe von aufeinander bezogenen Aktivitäten zusammensetzt, werden die Kinder ganzheitlich in ihren kognitiven, sprachlichen, motorischen und sozial-emotionalen Fähig- und Fertigkeiten gefördert.

2. Die Projektdauer ermöglicht den Kindern, sich intensiv mit einer oder mehreren Fragestellungen zu einem Thema zu beschäftigen. Sie dringen tiefer in die Inhalte ein und können sich mit Detailfragen auseinandersetzen. Sie machen Erfahrungen am Ganzen und im Detail. Durch die verschiedenen methodischen Zugänge in der Projektarbeit finden alle Kinder einen Zugang zu unterschiedlichen Themen.

3. Kinder lernen ihre Lerninhalte, -strategien sowie ihr Umfeld mitzugestalten und mitzubestimmen. Sie übernehmen ihrer Entwicklung entsprechend Verantwortung für sich und andere.

4. Kinder lernen in unterschiedlichen sozialen Gruppen zu agieren. Sie lernen mit unterschiedlichen Kindern verschiedene Probleme zu lösen, Inhalte zu erfahren, zu explorieren und zu gestalten.

5. Durch die Vielzahl der Anforderungen und Aufforderungen eines Projektthemas werden Kinder immer wieder neu motiviert und herausgefordert, sich mit dem Thema zu beschäftigen.

6. Die Einbindung der Familien und des Umfeldes in Projekte ermöglicht eine Gemeinwesenorientierung aus der Einrichtung in das Wohnumfeld und umgekehrt. Somit lernen Kinder, dass die Tageseinrichtung nicht etwas Isoliertes ist, sondern mit zu ihrem Umfeld gehört.

Auf dieser Grundlage wird nun in diesem Kapitel die Projektarbeit unter folgenden Aspekten dargestellt: Projektinitiative, Projektplanung und Projektphasen.

Projektinitiative

Die Ideen zu Projekten ergeben sich in aller Regel aus zwei verschiedenen Anlässen.

Zum einen entstehen Projektideen aus **aktuellen und spontanen Situationen**. Dieses kann ein zurzeit spannendes Thema der Kinder sein, wie zum Beispiel im Sommer diesen Jahres die Fußballweltmeisterschaft. Die Begeisterung für dieses Ereignis hat auch die jüngsten Kinder erfasst. In vielen Einrichtungen haben die Fachkräfte dieses Thema auch sofort aufgegriffen und kurzerhand ein WM-Projekt umgesetzt. Es sind also Themen aus dem unmittelbaren Erlebnishorizont der Kinder.

Aber auch **spontane Situationen, die im Kindergartenalltag** entstehen, können ein Ausgangspunkt für ein Projekt sein. Da entdecken zwei Kinder, dass an der einen Stelle der Wand ein nasser Fleck entsteht und wollen wissen, wie das nur passieren konnte. Aus der Beschäftigung damit entstehen weitere Fragen, wie beispielsweise: Wie kommt eigentlich das Wasser in die Leitungen? Und wohin fließt es, nachdem es im Waschbecken verschwunden ist? Und wohin fließt eigentlich das Wasser der Toilette? So entsteht aus einem alltäglichen Erlebnis ein spannendes Projekt über Wasser.

Beide Male, ob nun aus einem aktuellen Thema des Erfahrungs- und Lebensumfeldes der Kinder oder aus einer spontanen Situation resultierend, liegt ein handlungsorientiertes Thema zugrunde.

Zum anderen entstehen Projektideen aus den **Portfolios** und **Beobachtungen** der Fachkräfte. Wie weiter oben schon erläutert, orientieren sich die Fachkräfte bei entwicklungsorientierten Themen an den handlungsorientierten Themen, d. h. sie erkennen die Themen der Kinder und kombinieren diese mit Themen, die sich aus der Fachwissenschaft heraus ergeben.

Diese zweite, oftmals wenig beachtete Ebene in der Projektplanung, ergänzt die Projektarbeit um eine wichtige Komponente. Fachkräfte können somit aktuelle Beobachtungen mit langfristigen Beobachtungen in Verbindung bringen und in Projekte einfließen lassen.

Wichtig für eine kindorientierte Pädagogik ist, darauf zu achten, dass die Projekte nicht an den Themen der Kinder vorbei entwickelt werden bzw. die Kinder bei der Findung von Projekten mit einbezogen werden.

Themen für Projekte, die den Interessen der Kinder und den fachwissenschaftlichen Ansprüchen Genüge tun, werden Fachkräfte im Alltag jede Menge entdecken. In der Regel bedarf es hierfür nicht der Schaffung von »künstlichen« Situationen, wie der Morgenkreis oder Gesprächsrunden. In alltäglichen Situationen finden sich ausreichend handlungsorientierte Themen, die sich für differenzierte pädagogische Projekte eignen.

Die Phasen der Projektarbeit

Projekte bestehen aus mehreren Phasen. Die Phasen beschreiben unterschiedliche Schwerpunkte, sie sind aber auch in einer bestimmten Chronologie der Ereignisse zu lesen.

Akquisephase
So beginnen alle Projekte mit der Akquisephase, in der die Fachkräfte durch Beobachtungen, Gespräche und Beteiligungen am Spiel der Kinder auf handlungsorientierte Themen der Kinder aufmerksam werden. Eine andere Möglichkeit der Akquise ist die Analyse der Portfolios der Kinder, aus denen sich unterschiedliche entwicklungsorientierte Themen ergeben können. Eine dritte Möglichkeit ist die direkte Äußerung von Wünschen durch Kinder oder Eltern. In einigen Fällen fallen diese drei Möglichkeiten auch zusammen.

Planungsphase
Nach der Findung eines Themas beginnt die zweite Projektphase, die Planungsphase. In der Planungsphase wird, wie oben bereits beschrieben, das Projekt von den Fachkräften geplant, bevor es dann den Kindern und Familien vorgestellt wird.

Für die Planung eines Projektes nach der Beobachtung eines Themas sind verschiedene Planungsaspekte relevant, bevor der eigentliche Umsetzungsprozess beginnen kann. Hierbei sind zwei verschiedene Bedeutungen der Projektplanung allerdings zu unterscheiden:

- **Fachkräfte planen ein Projekt methodisch und didaktisch** und prüfen die Inhalte der Projekte auf deren Relevanz hinsichtlich der Bildungs- und Erziehungsprozesse. Dabei haben sie die einzelnen Kinder und deren Kompetenzen, Interessen und Wünsche im Blick.
- **Kinder planen Projekte im Sinne der Mitbestimmung** mit. Damit ist aber nicht gemeint, dass es keinen geplanten Rahmen durch die Fachkräfte gibt, sondern vielmehr ist hiermit

eine Planung im Sinne von Ideensammlung und Interessenbekundung zu verstehen. Die methodische Planung und die Ausgestaltung des Projektes bleiben weiterhin in der Verantwortung der Fachkraft.

Die von den Fachkräften wahrgenommenen handlungsorientierten Themen der Kinder und die aus kontinuierlichen Beobachtungen und Gesprächen relevanten entwicklungsorientierten Themen werden von den Fachkräften professionell in Teambesprechungen vorbereitet. Die Mitbestimmung und Mitgestaltung der Kinder äußert sich vor allem in drei Aspekten:

? *Wie wird Mitbestimmung der Kinder erreicht?*

- Durch die Beteiligung der Fachkräfte an den Interaktionen der Kinder sowie den kontinuierlichen Beobachtungen der Kinder durch Fachkräfte kennen Fachkräfte die aktuellen Themen der Kinder. Somit fließen die aktuellen Wünsche, Bedürfnisse und Interessen der Kinder unmittelbar in die Gestaltung der pädagogischen Prozesse und Aktivitäten ein.

- Durch die Vorabplanung der Fachkräfte wird ein methodisch-didaktischer Rahmen mit skizzierten Inhalten entwickelt. An der Planung der konkreten Umsetzung sind die Kinder beteiligt. Sie können sowohl Schwerpunktsetzungen als auch Inhalte verschieben und neue Aspekte hinzufügen. Es bestehen verschiedene Möglichkeiten der weiteren Einbeziehung von Kindern, z. B. in Form von Kinderkonferenzen, in denen über ein anstehendes Projekt beraten und entschieden wird.

- Aus den Aufzeichnungen im Portfolio ergibt sich für jedes Kind ein individueller Förderbedarf, der nicht ausschließlich defizitär zu verstehen ist, sondern vielmehr verdeutlicht, in welchen Bereichen Kinder ihre besonderen Interessen sowie Fähigkeiten und Fertigkeiten besitzen und in welchen Bereichen eine individuelle Förderung der Entwicklung besonders wichtig sein kann. Die Art der Mitbestimmung ist im Vergleich zu den beiden vorangegangenen Aspekten eine passive Mitbestimmung.

Die Planung eines Projektes muss in jedem Fall schriftlich vorliegen. Auch hier gilt, dass es viele Möglichkeiten der Verschriftlichung und der Visualisierung gibt. Je nach Thema und methodischer Aufbereitung eignen sich sehr unterschiedliche Darstellungsformen. In jedem Falle sollten aber die Ziele des Gesamtprojektes wie auch Ziele von einzelnen Aktivitäten hinsichtlich einer Gruppe aber auch einzelner Kinder benannt werden. Die Planung findet dabei immer im beteiligten Team statt. Je nach Zusammensetzung der Kindergruppe, können das die Fachkräfte einer Gruppe, über die Gruppen hinweg ausgewählte Fachkräfte oder auch alle Fachkräfte der Einrichtung sein.

Bei der Planung eines Projektes muss auch die Einbindung der Familien in die Projekte Berücksichtigung finden. Diese kann über gemeinsame Elternabende, Infobriefe oder Aushänge geschehen. In einzelnen Fällen ist es auch sinnvoll, mit den Eltern in einem Gespräch über die individuelle Förderung des Kindes zu beraten und eine gemeinsame Strategie zu entwickeln.

Durchführungsphase
Die Durchführungsphase ist die längste Phase eines Projektes. In ihr sind die Kinder aktiv und setzen sich mit dem Thema des Projektes auseinander. In dieser Phase durchleben die Kinder das Thema methodisch unterschiedlich und beginnen ihr Wissen über und ihre Erfahrung um etwas zu erweitern, zu manifestieren oder auch erst neu zu machen. Den Kindern öffnet sich eine Welt, die bereitsteht, erfahren und erforscht zu werden. Die Möglichkeiten der Auseinandersetzung sind in der Planungsphase von den Fachkräften umfassend geplant worden. In dieser Phase kommen den Kindern unterschiedliche zentrale Aufgaben zu. Bei

der folgenden Auflistung nehme ich auf M. Textor Bezug (www.kindergartenpädagogik.de/14.html):

- Kinder sammeln und vergleichen unterschiedliche Untersuchungsgegenstände, z. B. verschiedene Bilder, Fotos, Filme und Modelle von Flugzeugen,
- Kinder bilden Hypothesen, also Annahmen, wie etwas funktioniert oder zusammenspielt, z. B. Ein schweres Flugzeug kann fliegen, weil es Flügel hat?
- Kinder überprüfen Hypothesen, z. B. indem sie Holzflugzeuge basteln und diese zu fliegen versuchen lassen.
- Kinder sammeln außerhalb der Tageseinrichtung Informationen von Menschen, die etwas über das Thema sagen können, z.B. eine Stewardess in der Nachbarschaft oder einen Techniker.
- Kinder machen Exkursionen zu wichtigen Schauplätzen, z. B. der Ausflug ins Museum, zum städtische Sportflughafen oder zu einem Airport.
- Kinder malen, zeichnen und konstruieren, z. B. unterschiedliche Flugmaschinen.
- Kinder singen, musizieren und tanzen, z. B. Lieder über das Fliegen oder über Flugzeuge.
- Kinder spielen Rollenspiele, z. B. am Flughafen, der Pilot im Flugzeug.
- Kinder betrachten und lesen Bücher, hören Kassetten/Cds oder schauen Filme, z. B. über den Flugzeugbau, über die Geschichte des Fliegens, über Vögel oder über Insekten, wie beispielsweise Libellen.

Reflexionsphase

Ein Projekt ist nicht immer erst dann zu Ende, wenn alle geplanten Aktivitäten durchgeführt worden sind. Die Fachkräfte sollten merken, wenn Kinder das Interesse an einem Projekt verlieren und dieses dann abschließen. In Projekten arbeiten bedeutet immer, flexibel zu sein und die Planung den Bedürfnissen der Kinder anzupassen. Ein Projekt ist immer dann zu Ende, wenn die Kinder genügend erfahren und erforscht haben. Deshalb ist es auch nicht möglich, eine bestimmte Dauer für ein Projekt zu nennen. Das Ende sollte flexibel sein und sich an der Komplexität orientieren.

Nach der Beendigung eines Projektes in der Gruppe überlegen die Fachkräfte gemeinsam mit den Kindern, wie das Erarbeitete nun anderen vorgestellt werden kann. Die Anderen, das können die Familien sein, die Kinder aus den anderen Gruppen, die Fachkräfte der Einrichtung. Es ist aber auch durchaus denkbar, dass Kinder ihre Ergebnisse Menschen aus dem Umfeld vorstellen, das können Grundschulklassen oder auch ältere Menschen sein.

Die Möglichkeiten der Präsentation sind mannigfaltig. Über Fotowände, Filme, Skulpturen bis hin zu Theateraufführungen, Singspielen, Vorträgen und Festen ist vieles denkbar.

Neben der Präsentation der Ergebnisse für Dritte, reflektieren die Fachkräfte mit den Kindern über das Projekt. Folgende Fragen sind dabei als Leitfaden sehr hilfreich:

?

Fragen zur Reflexion mit Kindern:

1. Was hat bei den Kindern Interesse geweckt?
2. Was hat bei den Kindern wenig Interesse geweckt?
3. Was fanden die Kinder am Spannendsten?

M4.1

4. Welcher Versuch/welche Exkursion/welches Buch war besonders interessant?
5. Mit wem haben die Kinder gerne gearbeitet und warum?
6. Was haben die Kinder an neuen Kompetenzen hinzugewonnen?

Darüber hinaus füllen die Kinder ihr Portfolio mit wichtigen Aufzeichnungen über das Projekt weiter an. Die Arbeit in einem Projekt sollte auf jeden Fall immer mit der Arbeit am Portfolio verbunden sein. Die Kinder schaffen somit ihr eigenes »Gedankenabbild«.

ZEHN SCHRITTE ZUM PLANUNGSKONZEPT

Schritte 1–5 zum Planungskonzept	Ziele
1. Vorstellung von praktizierten Planungsmethoden	Die Fachkräfte kennen die Planungsmethoden der Kolleginnen. Es wird über alle Schritte hinweg ein Modell zur Projektarbeit entwickelt.
2. Diskurs über die Planungsmethoden in der Einrichtung	Die Fachkräfte diskutieren die Vor- und Nachteile der Planungsmethoden der Einrichtung. Die Fachkräfte kennen die Entwicklungsbedarfe für die pädagogische Planung. Das Team einigt sich auf ein gemeinsames Thema für ein gemeinsames Projekt.
3. Erarbeitung eines Projektes zum ausgewählten Thema	Gemeinsam im Team wird ein Projekt geplant. Die Fachkräfte nutzen die Portfolios zur Planung eines pädagogischen Projektes. Das Team arbeitet arbeitsteilig und lernt die Vorzüge des arbeitsteiligen Arbeitens.
4. Überarbeitung des Themas mit der Projekt-Methode	Es gibt einen mit den Kindern abgestimmten Projektplan.
5. Modell einer Grobplanung des ausgewählten Themas	Der Projektplan ist terminiert. Notwendige Recherchen, Materialien, Vorbereitungen und Einladungen sind durchgeführt bzw. bedacht. Bei Ausflügen sind Absprachen getroffen worden. Die Verantwortlichkeiten sind festgelegt worden. Es gibt eine Zielvereinbarung im Team bzw. mit den beteiligten Fachkräften. Es ist eine verantwortliche Fachkraft benannt worden. Es gibt ein verabredetes Projektdokumentationsverfahren. Das Portfolio wird während des Projektes für jedes teilnehmende Kind sehr genau weitergeführt.

Das gilt aber nicht ausschließlich für die Kinder. Auch die Fachkräfte dokumentieren Aspekte zu den einzelnen Kindern und zum gesamten Projektverlauf. Die Aufzeichnungen über die Kinder kommen zum Portfolio des Kindes hinzu. Die Aufzeichnungen über den Projektverlauf nutzt die Fachkraft zum einen für die eigene Dokumentation und zum anderen als Grundlage für ein abschließendes Gespräch auf einem Elternabend. Ein Projekt ist erst dann abgeschlossenen, wenn das Ergebnis bzw. die Ergebnisse des Projektes kommuniziert sind.

Status	Platz für eigene Notizen
begonnen / fertiggestellt	
begonnen / fertiggestellt	
begonnen / fertiggestellt	
begonnen / fertiggestellt	
begonnen / fertiggestellt	

CHECKLISTE

ZEHN SCHRITTE – FORTSETZUNG

Schritte 6–10 zum Planungskonzept	Ziele
6. Darstellung des Projektes für Kinder und Familien	Das Projekt ist allen Kindern bekannt. Sie wissen auch, welche Kinder an diesem Projekt teilnehmen. Den Familien, hier insbesondere den Eltern, sind die Inhalte, Aktivitäten und Ziele des Projektes bekannt.
7. Durchführung des Projektes	Die Kinder erleben das Projekt und werden individuell ihren Bedürfnissen, Interessen sowie ihren Kompetenzen entsprechend gefördert. Die Fachkräfte tauschen sich über den Verlauf aus.
8. Reflexion des Projektes	Die Fachkräfte reflektieren das Projekt und prüfen die durchgeführten Inhalte und erreichten Ziele auf deren Relevanz hinsichtlich Bildungs- und Erziehungszielen. Die Fachkräfte erkennen Schwachstellen im Projektverlauf und der Planung.
9. Reflexion des Arbeitsprozesses	Durch die Reflexion des Arbeitsprozesses lassen sich die einzelnen Schritte retrospektiv betrachten, somit können gelungene und weniger gelungene Arbeitsschritte bestimmt werden. Die Praxistauglichkeit der Methoden und Verfahren wird durch die Reflexion bewertet.
10. Ergebnissicherung und Erfolgskontrolle	Es gibt in der Einrichtung einen verlässlichen Standard »Planung«. Der Träger, die Fachberatung, die Eltern und alle pädagogischen Fachkräfte kennen den Standard und wissen, welche Aufgaben damit verbunden sind. Neu eingestellte Fachkräfte können sich an Hand des Standards einen schnellen Einblick in das Planungskonzept verschaffen.

Status	Platz für eigene Notizen
begonnen fertiggestellt	
begonnen fertiggestellt	
begonnen fertiggestellt	
begonnen fertiggestellt	
begonnen fertiggestellt	

CHECKLISTE

4.1.2 Lebensweltorientierte pädagogische Planung als dynamischer Prozess

Bis hierher wurde auf die pädagogische Planung im Sinne der Projektplanung eingegangen, aber es gibt weitaus mehr Bereiche, die geplant werden müssen. In diesem nun folgenden Kapitel werden die weiteren wichtigen Bereiche pädagogischer Planung vorgestellt.

Allen Bereichen ist eines gemein: Die Aspekte der pädagogischen Planung sind grundsätzlich dazu geeignet, gemeinsam mit Kindern geplant und umgesetzt zu werden. Die im Folgenden aufgeführten Aspekte sind stark miteinander verwoben und sind hier für eine verständlichere Darstellung auseinandergezogen worden. Beim Lesen der Aspekte wird jeder in der Praxis stehenden Fachkraft die Verwobenheit sehr schnell deutlich.

Planung des pädagogischen Alltags

Mit der Planung des pädagogischen Alltags ist die Planung des Tagesablaufs gemeint. Die Planung des Tagesablaufes, von der Öffnung der Tageseinrichtung bis zur Schließung, klingt zunächst trivial, jedoch ist die Planung, berücksichtigt man die individuellen Bedürfnisse von Kindern aller Altersstufen, ein sehr komplexes Anliegen. Allein das Bedürfnis jüngerer Kinder nach Rückzug und Ruhepausen im Alltag, stellt viele Fachkräfte aufgrund von mangelnden personellen und räumlichen Ressourcen vor eine Herausforderung. Bei der Planung des Tagesablaufes ist es wichtig, die individuellen Bedürfnisse und Interessen der Kinder zu berücksichtigen und diese in ein ausgleichendes Verhältnis zu setzen. Es ist sicherlich nicht möglich, alle Bedürfnisse und Interessen jederzeit in die Planung des Tagesablaufes einzubringen, aber eine gute Balancierung im Kontinuum (Zeitachse) ermöglicht es, zu verschiedenen Zeitpunkten Schwerpunkte im Tagesablauf zu setzen. Ebenso sollten die unterschiedlichen Beteiligungsmöglichkeiten der Kinder bei der Planung Berücksichtung finden. Der Tagesablauf sollte sowohl herausfordernd als auch anregend sein. Dazu dienen insbesondere die Aufzeichnungen über die Kinder aus dem privaten Portfolio.

Planung von Freispielphasen

Freispielphasen gibt es in jeder Tageseinrichtung. Oftmals begründen Fachkräfte die Freispielphase als die Phase, in denen die Kinder »das tun können, was sie gerne machen möchten«, andere Fachkräfte nutzen die Freispielphase, um Bastelangebote anzubieten oder Tischspiele mit den Kindern zu spielen. Aber Freispielphasen haben deutlich mehr Funktionen als diese beiden. Freispiel bedeutet zunächst einmal, dass diese Phase nicht durch geplante Aktivitäten der Fachkräfte bestimmt wird, sondern dass Kinder ihre Spielideen selbst entwickeln können und von der beobachtenden Fachkraft »passiv begleitet« werden. Im Freispiel bieten sich den Fachkräften vielfältige Möglichkeiten zur Beobachtung von vielfältigen Situationen. Dadurch, dass die Kinder ihre Spielthemen, -wege und -partner frei wählen können, bedeutet das Freispiel für die Kinder, selbstbestimmt und selbstreguliert zu lernen und Erfahrungen zu machen.

Das Freispiel ist somit nicht zufällig, sondern bedarf einer ausgewogenen Planung, damit es für die Kinder eine Vielzahl von anregenden Potentialen in Form von Material, Spielen und Raumgestaltung gibt. Auch die Dauer des Freispieles variiert je nach Alter der Kinder und den fixen Routinen, wie beispielsweise den Mahlzeiten.

Das Freispiel wird von verschiedenen Aktivitäten in der Projektarbeit im Verlaufe eines Tages unterbrochen. Für die Kinder ist dieses aber durchaus kein Problem, da gut eingeführte Aktivitäten für sie nur eine Verlagerung des Spiels bedeuten.

Das Freispiel ist die längste Phase im Kita-Alltag und sollte den Kindern genügend Raum zum selbstbestimmten Spielen und somit zum Lernen und Erfahrungenmachen geben.

Planung von Angeboten und Aktivitäten

Angebote, kurze im Freispiel integrierte Impulse, sowie Aktivitäten, längere Angebote, sind immer geplant. Als Planungsgrundlage dienen die Aufzeichnungen der Portfolios und die Ergebnisse von Beobachtungen und Gesprächen. Angebote und Aktivitäten richten sich in der Regel an Kleingruppen oder einzelne Kinder, die sich durch ein gemeinsames Interesse an einem Thema auszeichnen. In den seltensten Fällen beziehen sich Angebote und Aktivitäten auf die Gesamtgruppe. Die Fachkraft achtet bei der Planung insbesondere auf die Kompetenzen, Interessen und Wünsche der Kinder und die fachwissenschaftliche Bedeutsamkeit eines Themas.

Sie sind immer in einem übergeordneten Thema eingebunden, sie bauen aufeinander auf und stehen in Beziehung zueinander. Die Förderung der Kinder durch gezielte Angebote und Aktivitäten ist nur dann effektiv, wenn sie den Kindern die Möglichkeit bieten, sich Schritt für Schritt, möglichst selbstbestimmt, in ein Thema hineinzudenken und multiperspektivische Erfahrungen in einer Kleingruppe zu erleben.

Planung individueller Förderung

An anderer Stelle dieses Leitfadens wurde schon auf die Bedeutung der individuellen Förderung eingegangen (vgl. Punkt 4.1.1 – Projektplanung). An dieser Stelle soll nur noch einmal auf die Notwendigkeit eingegangen werden, individuelle Förderung für Kinder zu planen. Genau wie bei den anderen Bereichen ist auch die individuelle Förderung nicht ohne Planung denkbar. Allerdings bedeutet individuelle Planung nicht immer, dass es Angebote und Aktivitäten für einzelne Kinder geben muss, sondern vielmehr, dass es Angebote und Aktivitäten gibt, die auf die Kompetenzen einzelner Kinder abgestimmt sind, an denen aber durchaus auch andere interessierte Kinder teilnehmen können. Auf der Grundlage des jeweiligen Portfolios und den Gesprächen mit den Familien planen Fachkräfte für einzelne Kinder bestimmte Aktivitäten. Diese lassen sich in Projekte sehr gut integrieren.

Planung von Partizipation

Wenn in diesem Leitfaden die Rede von Mitbestimmung und -gestaltung ist, scheint es zunächst als Setzung. Aber natürlich bedarf auch die Mitbestimmung und -gestaltung durch die Kinder der Planung. Die Fachkräfte müssen Situationen im Alltag identifizieren, in denen Kindern eigenverantwortlich Aufgaben übernehmen können und diese mit den Kindern absprechen. Verantwortung für etwas übernehmen zu können bedeutet immer auch, zu verstehen, warum man die Verantwortung übernimmt. Diese Inhalte der Kommunikation zwischen Kindern und Fachkräften bedürfen der genauen Planung. Auch die Fragen, an welchen Stellen die Kinder ihre jeweiligen Kompetenzen am besten einbringen können und wie die Interessen am besten integrierbar sind, bestimmen die jeweilige Planung.

Aber auch die gemeinsame Gestaltung von Projekten (vgl. Kap.) ist nicht einfach aus der Situation heraus zu bewerkstelligen. Die Fachkräfte planen den methodisch-didaktischen Rahmen eines Projektes und somit auch das Verfahren der Mitbestimmung und -gestaltung von Projekten.

Es bedarf darüber hinaus aber auch einer grundlegenden Planung über die Gestaltung von generellen Partizipationsprozessen. Es ist notwendig, in der Einrichtung, mindestens aber in der Gruppe, eine einvernehmliche Grundhaltung zu entwickeln.

Planung von Bereitstellung von Materialien

Unter Materialien ist alles zu verstehen, was die Kinder für ihr Spiel nutzen können, also Spiele, Bastel-, Mal- und Konstruktionsmaterialien, Puppen, Fahrzeuge usw. An Materialien sind verschiedene Ansprüche gestellt. Sie müssen ...

- den ganzen Tag verfügbar sein,
- verschiedene Kompetenzen fördern,
- vielfältig für unterschiedliche Altergruppen geeignet sein,
- vollständig und in einem guten Zustand sein,
- zugänglich sein,
- in genügender Zahl vorhanden sein,
- sie müssen ansprechend sein,
- regelmäßig ausgetauscht werden.

All diese Aspekte bedürfen der Planung und auch der Absprache zwischen den Gruppen. Auch hier dient das Portfolio als Grundlage der Planung.

Planung von Raumgestaltung

Aus dem Portfolio ergeben sich auch die Spielorte, die von den Kindern oft und kaum genutzt werden. Doch diese ändern sich in der Regel oft und schnell. Die Fachkräfte haben die Aufgabe, die Nutzung der Räumlichkeiten zu beobachten und gemeinsam mit den Kindern neue Gestaltungen zu überlegen. Die »Dekoration« der Räume wird von den Fachkräften immer gemeinsam mit den Kindern besprochen. Dazu dient als Rahmen das jeweilige Projektthema.

Wenn Fachkräfte feststellen, dass es Räume oder Spielbereiche gibt, die unattraktiv sind, dann bietet es sich an, gemeinsam mit den Kindern über eine Neugestaltung dieser Spielbereiche zu sprechen und dann gemeinsam mit ihnen umzugestalten. Dabei sollten die Ideen der Kinder in jedem Falle berücksichtigt werden.

Planung von Elterngesprächen/ Entwicklungsgespräche

Auf diesen sehr umfassenden Punkt kann hier nicht ausführlich eingegangen werden, da Entwicklungsgespräche ein eigenes Thema sind. An dieser Stelle sei aber darauf hingewiesen, dass die Planung von Elterngesprächen auf der Grundlage der Portfolios stattfindet. Dabei sollten die Fachkräfte im Sinne des Portfoliogedankens an die Zwei- und Drei-Parteiengespräche denken, d.h. an Entwicklungsgespräche mit den Kindern, mit den Eltern und mit den Eltern und den Kindern gemeinsam. Dabei können diverse Beobachtungsverfahren als unterstützende Informationsquellen genutzt werden. Die Gespräche finden in regelmäßigen Abständen, mindestens jedoch einmal im Jahr mit allen Kindern und Eltern statt.

Planung der Gestaltung von Übergangsprozessen

Die Gestaltung von Übergangsprozessen, den sogenannten Transitionsprozessen, ist für Kinder, die neu in eine Tageseinrichtung kommen und diejenigen, die sie in Richtung Schule verlassen, wichtig. In der Tageseinrichtung gibt es zwei große Übergänge, die Eingewöhnung und der Wechsel in die Grundschule. Dass diese beiden Übergänge nicht einfach geschehen können, zeigt zumindest die umfassende Literatur zur Eingewöhnung, aber auch die immer stärker einsetzende Diskussion über die Kooperation zwischen Tageseinrichtungen und Grundschulen verdeutlich die Bedeutung der Transition.

Transitionen begleiten die Kinder während des ganzen Lebens, da das Leben von Übergängen gekennzeichnet ist. Ein Übergang beginnt aber nicht erst, wenn es zum tatsächlichen Wechsel zwischen zwei sozialen Systemen (Tageseinrichtung – Grundschule) kommt, sondern mit dem Aufbau von Fähigkeiten, diesen zu bewältigen. Das heißt, dass der Fokus nicht nur auf Kompetenzen ausgerichtet sein darf, die für das neue System (Grundschule) benötigt werden, sondern vielmehr auf die Kompetenzen, die es den Kindern ermöglichen, den Übergang positiv zu meistern.

4.2 Entwicklung eines lebensweltorientierten Planungskonzepts

Auf der Grundlage des Beobachtungs- und Dokumentationskonzeptes wird nun in einem letzten Praxisschritt das pädagogische Planungskonzept im Team entwickelt. Dieser Entwicklungsprozess orientiert sich dabei an der Projektarbeit, da diese Methode die für eine kindorientierte Pädagogik die effektivste ist.

Die Moderatorin hat in diesen Abschnitt weitaus weniger Aufgaben, da das Team mehr und mehr in eigenverantwortliche Lern- und Entwicklungsprozesse eintaucht. Die Moderatorin muss allerdings der Projektgruppe angehören, damit sie sehen kann, dass die Prozesse im Sinne dieses Leitfadens umgesetzt werden. Jedoch kann sie eine passive Rolle übernehmen. Sie hat hier lediglich die Aufgabe, einen Überblick über die einzelnen Schritte zu geben.

4.2.1 Orientierungsphase

In der Orientierungsphase lernen die Fachkräfte die unterschiedlichen Planungsmethoden der Einrichtung kennen und diskutieren über die Vor- und Nachteile der Planungsmethoden der Einrichtung. An ausgewählten Beispielen vergleichen die Fachkräfte konkrete Planung mit dem Modell der Projektplanung.

M

1. Schritt:
Vorstellung von praktizierten Planungsmethoden

Ziele:

1. Die Fachkräfte sollen die Planungsmethoden der Kolleginnen kennenlernen.

2. Es wird ein Modell zur Projektarbeit entwickelt.

Methode:

Präsentation der Planungsmethoden im Plenum

Teilnehmer:

Alle Fachkräfte der Einrichtung

Dauer:

120–180 Minuten

Vorbereitung:

Die Fachkräfte der Gruppen bereiten sich auf ihre Präsentation vor. Dabei ist es den Fachkräften überlassen, welche Art der Präsentation sie wählen.

Die Moderatorin erinnert die Fachkräfte frühzeitig an den für die Präsentation vorgesehenen Termin.

Es wird eine Person bestimmt, die den Prozess so dokumentiert, dass der Verlauf als Konzept für folgende Projektplanungen genutzt werden kann. Es empfiehlt sich, dass diese Person die Moderatorin ist.

Durchführung:

Die Moderatorin führt in die Sitzung ein. Sie erläutert den Kolleginnen die Aufgaben für den heutigen Tag. Dabei macht sie deutlich, dass es darum geht, ein Bild von den Planungsmethoden in der gesamten Einrichtung zu bekommen, das dann im Team mit der Perspektive der Optimierung diskutiert werden soll.

Die erste Fachkraft beginnt mit der Vorstellung ihrer Planung. Am Ende der Präsentation haben die Kolleginnen die Möglichkeit zur Nachfrage. Dabei sollen folgende Punkte vorgestellt werden:

? *Fragen zur pädagogischen Planung:*

- Welche Grundlagen werden für die Planung genutzt?
- Wie sind die Kinder in die Planung einbezogen?
- Welche Dokumentationen sind in die Planung einbezogen?
- Wie wird die Planung mit Familien und Kinder kommuniziert?
- Wie werden die Ergebnisse der Planung gesichert?
- Wie wird die Planung dokumentiert?
- Wie werden die Ergebnisse mit den Kindern reflektiert?

Jede Fachkraft berichtet nun von ihren Planungsmethoden. In Gruppen, in denen mehrere Fachkräfte arbeiten, können beide Kolleginnen gemeinsam präsentieren.

Am Ende der Vorstellung schließt die Moderatorin mit einem Blitzlicht.

M *2. Schritt: Diskurs über die Planungsmethoden in der Einrichtung*

Ziel:

1. Die Fachkräfte diskutieren die Vor- und Nachteile der Planungsmethoden der Einrichtung.
2. Die Fachkräfte kennen die Entwicklungsbedarfe für die pädagogische Planung.
3. Das Team einigt sich auf ein Thema für ein gemeinsames Projekt. Wichtig ist, dass die Mitbestimmung der Kinder bedacht wird.

Methode:

Gesprächsrunde

Teilnehmer:

Alle Fachkräfte der Einrichtung

Dauer:

90–120 Minuten

Vorbereitung:

keine

Durchführung:

1. Die Moderatorin fasst das Ergebnis der letzten Teamsitzung zusammen und stellt die Ziele vor.
2. Danach initiiert die Moderatorin eine Diskussion. Dabei sind die folgenden Fragen hilfreich:

?

- Was ist besonders hilfreich bei der Planung?
- An welchen Stellen kann Unterstützung noch hilfreich sein?
- Was gelingt in der Planung besonders gut?
- Welchen Stellenwert hat die Mitbestimmung der Kinder?
- Wie stark beziehen sich die einzelnen Aktivitäten aufeinander?

3. Eine Fachkraft hält die Ergebnisse der Diskussion fest. Diese werden einige Tage später an alle verteilt.
4. Das Team einigt sich auf ein grobes, weitläufiges, entwicklungsorientiertes Thema für ein erstes Projekt. Dabei werden die Portfolios der Kinder hinzugezogen. Darüber hinaus haben die Fachkräfte den Auftrag, in den nächsten zwei Wochen die Kinder der Gruppe intensiv zu diesem Themenbereich zu beobachten, um ein handlungsorientiertes Thema der Kinder auszumachen.

5. Am Ende der zwei Wochen teilen die Fachkräfte der Moderatorin einige Themen mit, die sich aus den Beobachtungen und den Portfolios ergeben.

6. Am Ende der Sitzung schreiben die Fachkräfte einen Satz auf eine Karte. Der Satz soll eine Kurzeinschätzung über ihre Planung sein. Der Satz könnte so beginnen: »Meine Planung ist schon sehr detailliert, allerdings sollte ich ...«

7. Die Karten werden am Ende der Gesprächsrunde sichtbar im Teamraum aufgehängt, sodass alle Fachkräfte sie lesen können.

M *3. Schritt: Erarbeitung eines Projektes zum ausgewählten Thema*

Ziele:

1. Gemeinsam im Team wird ein Projekt geplant.

2. Die Fachkräfte nutzen die Portfolios zur Planung eines pädagogischen Projektes.

3. Das Team arbeitet arbeitsteilig und lernt die Vorzüge des arbeitsteiligen Arbeitens.

Methode:

Team und Kleingruppen

Teilnehmer:

Alle Fachkräfte der Einrichtung

Dauer:

720 Minuten verteilt auf drei Teamsitzungen und zwei Kleingruppenphasen

Vorbereitung:

Die Portfolios müssen von den Fachkräften auf mögliche Themen durchgesehen werden und die Kinder der jeweiligen Gruppe intensiv beobachtet werden. Die Themen werden von den Fachkräften an die Moderatorin weitergegeben.

Die Moderatorin sammelt die möglichen Themen und wertet diese aus. Sollte es ein Thema geben, das eindeutig am meisten gewählt ist, so wählt sie dieses aus und teilt es den Fachkräften mit. Sollten mehrere Themen infrage kommen, muss sie auf einer kurzen Teamsitzung mit den Fachkräften darüber sprechen und eine gemeinsame Entscheidung herbeiführen.

Durchführung:

Phase 1 – Brainstorming zum Thema

1. Das Team diskutiert gemeinsam über das ausgewählte Thema und dessen Bedeutung im Erziehungs- und Bildungsprozess. Gemeinsam überlegen die Fachkräfte, welches wichtige Aspekte und Ziele dieses Themas sind.

2. Als erstes klärt das Team, an welche Kinder sich das Projekt richtet. Es muss entschieden werden, ob sich das Projekt an eine oder mehrere unterschiedliche Kleingruppen einer Gruppe oder gruppenübergreifend an eine oder mehrere Kleingruppen der Einrichtung richtet.

3. Die Aspekte und Ziele werden schriftlich am Flipchart festgehalten, sodass sie für alle Beteiligten jederzeit einsehbar sind.

4. Nach der Festlegung der wichtigsten Aspekte und Ziele operationalisiert das Team diese, d.h. dass die Fachkräfte überlegen, wie man die Ziele, die mit diesem Thema verbunden werden, erreichen kann.

5. Die einzelnen methodischen Schritte, die Angebote und Aktivitäten, die Bedeutung für den Tagesablauf, die Individualisierung und die Partizipation sowie für die Materialbereitstellung und Raumgestaltung werden von den Fachkräften ebenfalls auf ein Flipchart geschrieben.

6. Am Ende dieser Teamsitzung werden die Aufgaben an die Kleingruppen vergeben. Diese teilen sich nach folgenden Kriterien auf:

- Ausarbeitung von Angeboten und Aktivitäten,
- Ausarbeitung von Individualisierung und Partizipation,
- Ausarbeitung der Materialnutzung und Raumgestaltung.

Phase 2 – Ausarbeitung von aufeinanderbezogenen Angeboten in Kleingruppen

1. In jeder Kleingruppe werden die Aspekte und Ziele sowie die Ideen zur Operationalisierung als Grundlage in die Planung einbezogen.

2. Die Fachkräfte konkretisieren die Ideen und ergänzen diese gegebenenfalls. Sie achten dabei darauf, dass durch die Planungen den Kindern ein Eindringen in das Thema Schritt für Schritt ermöglicht wird. Das bedeutet, dass die Angebote und Aktivitäten nicht nebeneinander stehen, sondern sinnvoll miteinander verbunden sind.

3. Die Ergebnisse werden dokumentiert und an die anderen Gruppen kommuniziert.

Phase 3 – Koordination der Kleingruppenergebnisse

1. In dieser Phase müssen die Ergebnisse der Kleingruppen in einem ersten Schritt den anderen Gruppen mitgeteilt werden.

2. Danach werden die Ergebnisse der einzelnen Gruppen diskutiert und aufeinander abgestimmt. Die Planungen zu Angeboten und Aktivitäten, die Individualisierung, die Partizipation sowie die Materialbereitstellung und Raumgestaltung müssen sich ebenso aufeinander beziehen, wie die Angebote und Aktivitäten sich aufeinander beziehen.

3. Aus den einzelnen Planungen ergibt sich nun ein abgestimmter inhaltlicher Projektplan.

4. Dieser inhaltliche Projektplan muss nun von einer Kleingruppe in ein Zeitschema gebracht werden. Eine zweite Kleingruppe plant die Logistik und Einbeziehung Dritter. Unter Logistik sind alle Aufgaben, Absprachen und die Einbindung von Ressourcen zu verstehen. Mit der Einbeziehung Dritter sind beispielsweise die Familien gemeint oder andere Personen, die die Fachkräfte in diesem Projekt unterstützen können.

Phase 4 – Festlegung eines Projektplanes und Ressourceneinbindung in Kleingruppen

1. Unter Einbeziehung der Ergebnisse aus der Teamsitzung erarbeiten die Kleingruppen den jeweiligen Projektplan.

Phase 5 – Festlegung eines vorläufigen Projektplanes für die Vorstellung bei den Kindern

1. Das Team hat nun die Aufgabe, den vorläufigen Projektplan zu verabschieden. Die beiden Teile der Kleingruppen werden nun in einen gemeinsamen Projektplan integriert.

2. Wenn der Projektplan vom Team beschlossen ist, wird jemand bestimmt, der ihn in einer ansprechenden Weise dokumentiert.

3. Als nächstes wird im Team festgelegt, in welcher Form die Kinder einbezogen werden. Die Entscheidungen werden mit in den Projektplan einbezogen.

4. Die Fachkräfte bekommen die Aufzeichnungen für das Projekt innerhalb der nächsten Tage zur Verfügung gestellt. Alle Fachkräfte haben nun die Aufgabe, mit den beteiligten Kindern über das Projekt zu reden. Dabei ist es wichtig, dass sie die Ideen der Kinder aufnehmen, damit diese anschließend in den vorläufigen Projektplan aufgenommen werden können.

5. Wenn das Projekt gruppenübergreifend stattfindet, sind nicht alle Fachkräfte einbezogen. Sind Kleingruppen unterschiedlichen Alters gruppenübergreifend beteiligt, sind mehrere Fachkräfte am Prozess beteiligt. In späteren Prozessen ist die Durchführung paralleler Projekte für unterschiedliche Kleingruppen möglich, sodass alle Fachkräfte an jeweils einem Projekt arbeiten.

M *4. Schritt: Überarbeitung des Themas mit der Projekt-Methode*

Ziel:
Es wird ein mit den Kindern abgestimmter Projektplan entwickelt.

Methode:
Teamsitzung

Teilnehmer:
Alle Fachkräfte der Einrichtung

Dauer:
90–120 Minuten

Vorbereitung:
keine

Durchführung:
1. Das Team bespricht die Ideen der Kinder und prüft, ob die Ideen den Projektplan erweitern oder ob sie schon im Projektplan einbezogen sind.
2. Das Team verabschiedet einen gültigen Projektplan und beginnt mit der praktischen Phase.

4.2.2 Findungs- oder Entwicklungsphase

M *5. Schritt: Modell einer Grobplanung des ausgewählten Themas*

Ziele:
1. Der Projektplan wird terminiert.
2. Notwendige Recherchen, Materialien, Vorbereitungen und Einladungen werden durchgeführt bzw. bedacht. Bei Ausflügen werden Absprachen getroffen.
3. Die Verantwortlichkeiten werden festgelegt.
4. Es soll eine Zielvereinbarung im Team bzw. mit den beteiligten Fachkräften formuliert werden.
5. Es wird eine verantwortliche Fachkraft benannt.
6. Es soll ein verabredetes Projektdokumentationsverfahren geben.
7. Das Portfolio wird während des Projektes für jedes teilnehmende Kind sehr genau weitergeführt.

Methode:
Gesprächsrunde, Einzelarbeit

Teilnehmer:
Alle beteiligten Fachkräfte an diesem Projekt.

Dauer:
150–180 Minuten

Vorbereitung:
Die an dem Projekt(en) beteiligten Fachkräfte entwickeln Ziele für das Projekt, d. h. dass es sowohl Projektziele gibt wie auch Ziele für jede einzelne Aktivität. Darüber hinaus gibt es sowohl Gruppenziele (Ziele, die für einige Kinder gelten, wie beispielsweise: »Die Kinder kennen den Wasserkreislauf.«) als auch Individualziele, wie: »Klaus wird in

diesem Projekt zum freien Sprachen motiviert und konkret animiert, damit er seine Unsicherheit in der Gesamtgruppe überwinden lernt.«

Durchführung:

1. Die beteiligten Fachkräfte diskutieren über die entwickelten Ziele und schreiben die zu erreichenden Ziele auf ein Flipchart.

2. Die angeschriebenen Ziele werden auf der Grundlage der Planung noch einmal diskutiert. Es findet dann eine Entscheidung darüber statt, welche Ziele in die Projektplanung aufgenommen werden.

Für jedes dieser Ziele wird eine Zielvereinbarung angefertigt. In einer Zielvereinbarung sollten folgende Aspekt aufgeführt sein (Checkliste: »Zielentwicklung«, S. 30)

- das Ziel (siehe SMART-Formel, S. 28)
- der Bezug zur Konzeption,
- der Bezug zum Portfolio,
- die benötigten finanziellen, zeitlichen und personellen Ressourcen zur Erreichung des Ziels,
- Beteiligung von Externen (andere pädagogische Fachkräfte, Familien, andere Berufsgruppen, Hausmeister etc.),
- Maßnahmen und Vorbereitungen, die getroffen werden müssen,
- eventuell gibt es Meilensteine oder Zwischenziele bzw. »kleinere« Ziele,
- Terminierung. Wann soll das Ziel erreicht werden?,
- die verantwortlichen Personen und eine für alles verantwortliche Person.

Das alles sollte zur Verbindlichkeit der Planung und zur gegenseitigen Verpflichtung von allen beteiligten Fachkräften unterschrieben werden

Die angefertigten Zielvereinbarungen sind verpflichtend. Dabei ist zu berücksichtigen, dass es keine Angebote und Aktivitäten in einem Projekt gibt, die nicht zielgerichtet sind. Es ist also durchaus ein sehr umfassender Arbeitsschritt, die Ziele zu erarbeiten und schriftlich zu fixieren. Jedes Ziel wird in der Regel durch Zwischenziele oder »kleinere« Ziele erreicht. Teams sollten sich für diesen Aspekt Zeit nehmen, da sich die Zielerreichung auf die Beobachtungen und Portfolios beziehen und somit die Sicherung einer effektiven und individuellen Förderung systematisch ermöglichen. In dem von mir mit entwickeltem Arbeitshandbuch für Fachkräfte »Pädagogische Qualität entwickeln« (Beltz 2004) ist das Verfahren der Zielfindung und -entwicklung detailliert beschrieben.

3. Auf der Grundlage der in der Zielvereinbarung benannten Vorbereitungen und Maßnahmen sowie mit beteiligten Dritten werden nun alle zu klärenden Aspekte erarbeitet und verantwortlich vergeben.

4. Danach wird eine realistische Zeitplanung aufgestellt, die von allen beteiligten Fachkräften beschlossen wird.

5. Aus dem Projektteam wird eine verantwortliche Mitarbeiterin benannt, möglicherweise auch Kolleginnen, die für Teilbereiche die Verantwortung übernehmen. Verantwortung übernehmen heißt nicht, alles selbst erledigen zu müssen, sondern im Sinne eines Controllings dafür zu sorgen, dass beschlossene Prozesse laufen.

6. Trotz der detaillierten Planung sollte das Projektteam immer damit rechnen, dass die Kinder im Projektverlauf den Plan neu definieren und dass sich das Thema verändern kann. Fachkräfte sollten das ermöglichen, sie sollten aber auch achtgeben, dass ein roter Faden wei-

terhin erhalten bleibt. Sollten die Kinder im Prozess das Interesse verlieren, muss das Projekt abgeschlossen werden.

7. Das Projektteam hält sich bei der Planung an die Grundideen der Projektarbeit und achtet insbesondere auf die Phasen des Projektmodells.

8. Die Fachkräfte verabreden einen Modus des Austausches während des Projektes. Die beteiligten Fachkräfte sollten sich zweimal in der Woche zu einem Kurzaustausch verabreden und einmal in der Woche zu einem etwas ausführlicheren Gespräch zusammenkommen.

9. Abschließend wird ein Verfahren für die Dokumentation verabredet.

M

6. Schritt: Darstellung des Projektes für Kinder und Familien

Ziele:

1. Das Projekt wird allen Kindern bekannt gemacht. Sie wissen auch, welche Kinder an diesem Projekt teilnehmen werden.

2. Den Familien, hier insbesondere den Eltern, werden die Inhalte, Aktivitäten und Ziele des Projektes bekannt gemacht.

Methode:

Kleingruppenarbeit, Kinderkonferenz oder -gesprächsrunde, Familiennachmittag, Elternabend oder Wandzeitung

Teilnehmer:

Beteiligte Fachkräfte, Eltern, Kinder, eventuell Externe, die in das Projekt einbezogen sind.

Dauer:

Für die Planung: 60 Minuten, Elterninformation 90 Minuten

Vorbereitung:

Vorbereitung einer Wandzeitung für Kinder und Familien.

Durchführung:

1. Einige beteiligte Fachkräfte bereiten einen Familiennachmittag oder einen Elternabend zur Information über die wichtigsten Details vor. Die Familien sollen über die Arbeit der Einrichtung gut informiert sein und auch mit den Methoden, Inhalten und Zielen der Bildungsarbeit und Förderung vertraut sein. Im Sinne einer Kooperation von Familien und Einrichtung ist so ein transparenter Prozess nötig.

2. Die anderen beteiligten Fachkräfte bereiten zur Information aller Kinder eine Gesprächsrunde über das Projekt vor bzw. mehrere Gesprächrunden. Diese sollten aber nicht länger als 15 bis 20 Minuten umfassen.

3. Gemeinsam entwickeln die Fachkräfte eine Wandzeitung, auf der die wichtigsten Informationen für alle Familien nochmals beschrieben sind. Es gibt auch eine Wandzeitung, die für die Kinder der Einrichtung verständlich ist, z. B. mit Bildern. Diese könnte schon von den Projektkindern als Einstieg in das Projekt entwickelt worden sein. Die Wandzeitung wird regelmäßig mit neuen Informationen aus dem Projekt gespeist.

4. Am Ende dieser Sitzung beginnt das Projekt in seiner Umsetzung und Durchführung.

M

7. Schritt: Durchführung des Projektes

Ziele:

1. Die Kinder erleben das Projekt und werden individuell ihren Bedürfnissen, Interessen sowie ihren Kompetenzen entsprechend gefördert.

2. Die Fachkräfte tauschen sich über den Verlauf aus.

Methode:

Durchführung des Projektes, Fachgespräche, Gesprächsrunden

Teilnehmer:

Beteiligte Fachkräfte, Kinder

Dauer:

Pro Woche 2 x 15 Minuten für den kurzen Austausch und einmal pro Woche ca. 45 bis 60 Minuten für Projektbesprechungen und -planung.
Projektdauer je nach Thema 4–12 Wochen

Vorbereitung:

keine

Durchführung:

1. Die kurzen Besprechungen können spontan zwischen zwei, drei oder allen Beteiligten stattfinden. Wesentlich ist ein kurzer Bericht über den Verlauf des Projektes, damit alle die gleichen Informationen haben.

2. Das längere Gespräch ist terminiert. In diesem Gespräch sind unter anderem folgende Aspekte wichtig:

Fragen zum Projektverlauf:

- Läuft das Projekt bis jetzt wie geplant?
- Wie gehen die Kinder mit dem Thema um?
- Wollen die Kinder andere Aspekte dieses Thema lieber untersuchen?
- Wie bringen sich die Eltern ein?
- Sind alle Absprachen für die nächsten Tage getätigt?
- Wie zufrieden sind wir mit dem Verlauf?
- Wollen wir etwas ändern?
- Wie sieht die Dokumentation aus? Ist sie vollständig?
- Welche Informationen stehen im Portfolio?

3. Sollten die Kinder andere Wünsche äußern und der Projektplan muss verändert werden, dann beginnt der Prozess der Planung noch einmal bei Schritt 5., allerdings ist dieser dann in der Regel sehr verkürzt abzuarbeiten. Es sollte darauf geachtet werden, alle Schritte einzuhalten.

4. Die kurzen Besprechungen und die intensiven Besprechungen begleiten das Projekt bis zum Ende.

5. Wenn sich das Projekt zum Ende neigt, dann muss die Reflexions- und Abschlussphase für die Kinder geplant werden. Jedes Projekt endet mit einer Reflexion über das Projekt und mit einem Abschluss. Die Reflexion der Kinder kann methodisch sehr unterschiedlich sein und sollte immer mit unterschiedlichen methodischen Mitteln innerhalb eines Projektes stattfinden.

4.2.3 Umsetzungs- und Reflexionsphase

In dieser letzten Phase der Erarbeitung eines pädagogischen Planungskonzeptes auf der Grundlage der Projektplanung wird das im Team erarbeitete und im pädagogischen Alltag umgesetzte Projekt analysiert und reflektiert. Am Ende dieses Implementationsprozesses ist das Konzept in die pädagogischen Handlungen und Abläufe integriert.

8. Schritt:
Reflexion des Projektes

Ziele:

1 Die Fachkräfte reflektieren das Projekt und prüfen die durchgeführten Inhalte und erreichten Ziele auf deren Relevanz hinsichtlich Bildungs- und Erziehungsauftrages.

2 Die Fachkräfte erkennen Schwachstellen im Projektverlauf und der Planung.

Methode:
Gesprächsrunde

Teilnehmer:
Alle am Projekt beteiligten Fachkräfte

Dauer:
180–240 Minuten

Vorbereitung:
Alle Dokumente, Portfolios und Bilder sowie Produkte der Kinder müssen für den Bewertungsprozess verfügbar sein.

Durchführung:
1. Die Fachkräfte diskutieren über den Verlauf des Projektes unter folgenden Fragestellungen:
   a. Wie ist der gesamte Projektverlauf gewesen? War er wie geplant oder haben die Kinder viele neue Ideen entwickelt?
   b. Was ist besonders gut gelungen? Was weniger?
   c. Gab es Aktivitäten, die ausfallen mussten? Woran lag es?
   d. Gab es Aktivitäten, die die Kinder überfordert haben?
   e. Haben wir unsere individuellen Ziele und Gruppenziele erreicht?
   f. Waren die Ziele den Kompetenzen der Kinder angemessen?

2. Das Ergebnis der Diskussion wird festgehalten. Für die Familien wird ein kurzer Einseiter über den Verlauf des Projektes gemacht.

9. Schritt: Reflexion des Arbeitsprozesses

Ziele:
3. Durch die Reflexion des Arbeitsprozesses lassen sich die einzelnen Schritte retrospektiv beschauen, somit können gelungene und weniger gelungene Arbeitsschritte bestimmt werden.
4. Die Praxistauglichkeit der Methoden und Verfahren wird in durch die Reflexion bewertet.

Methode:
Gesprächrunde, Einzelarbeit

Teilnehmer:
Alle pädagogischen Fachkräfte

Dauer:
Für die Reflexion sollten 90–120 Minuten angesetzt werden.

Vorbereitung:
Die Aufzeichnungen über das Verfahren der Entwicklung eines pädagogischen Planungskonzeptes werden allen Fachkräften zur Verfügung gestellt.

Durchführung:
Phase 1 – Reflexion und Verabschiedung eines Planungskonzeptes

1. Eine Sprecherin der Projektgruppe fasst den Prozess einleitend aus ihrer Sicht zusammen. Die beteiligten Fachkräfte diskutieren den Prozess der Entwicklung des Konzeptes.

   Die Erfahrungen dieses Teils der systematischen Entwicklung von Basiskompetenzen und die Erfahrungen aus der Entwicklung der beiden anderen Module werden miteinander verglichen. So ist es möglich zu schauen, ob sich Fehler und Probleme des ersten Durchgangs wiederholt haben oder ob diese vermieden werden konnten.

2. Die Notizen zum Entwicklungsmodell werden diskutiert. Aus den Ergebnissen über den Verlauf der Entwicklung und den Aufzeichnungen wird ein Konzept für die pädagogische Planung, in Anlehnung an die Projektplanung, entwickelt.

3. Am Ende der Sitzung teilt jede Fachkraft mit, wie zufrieden sie mit dem Ergebnis, sprich mit dem Konzept, ist.

Phase 2 – Niederschrift des Konzeptes und Verabschiedung

1. Zwei Fachkräfte fixieren das Konzept zur pädagogischen Planung.

2. Der Entwurf des Konzeptes wird im Team abgestimmt. Das abgestimmte Konzept wird als drittes Modul den anderen beiden hinzugefügt. Somit ist das Gesamtkonzept einer kindorientierten Pädagogik formal abgeschlossen.

10. Schritt: Ergebnissicherung und Erfolgskontrolle

Ziele:

1. Es gibt in der Einrichtung einen verlässlichen Standard »Planung«.

2. Der Träger, die Fachberatung, die Eltern und alle pädagogischen Fachkräfte kennen den Standard und wissen, welche Aufgaben damit verbunden sind.

3. Neu eingestellte Fachkräfte können sich an hand des Standards einen schnellen Einblick in das Planungskonzept verschaffen.

Methode:

Gesprächrunde in Kleingruppe

Teilnehmer:

Einrichtungsleitung, Trägervertretung, Fachberatung, ein bis zwei Vertreterinnen der Fachkräfte

Dauer:

Für die Entwicklung des Standards sollten 180–240 Minuten eingeplant werden.

Vorbereitung:

Einladung aller beteiligten Personen.

Die Moderatorin bereitet sich auf diesen Termin vor, indem Sie den Beteiligten erklären kann, wozu ein Standard notwendig ist und was ein Standard ist.

Durchführung:

Phase 1 – Gesprächsrunde im Arbeitskreis »Standardentwicklung«

1. Die Moderatorin stellt kurz die bisher geleisteten Entwicklungsarbeiten vor und berichtet von den Erfahrungen aus der Praxis. Sie erklärt nun die Notwendigkeit der Ergebnissicherung in Form der Standardentwicklung, sodass es für alle Beteiligten nachvollziehbar ist.

2. Die Arbeitsgruppe diskutiert gemeinsam über die Formulierung des Standards und beauftragt Mitglieder der Gruppe, diesen aufgrund der Diskussionsergebnisse umzusetzen.

Phase 2 – Formulierung des Standards

Die beauftragten Mitglieder der Standardentwicklungsgruppe formulieren einen Standard zur pädagogischen Planung.

Phase 3 – Abschließende Beratung

Abschließend findet eine Beratung in der Standardentwicklungsgruppe statt. In dieser Sitzung wird der Standard verabschiedet. Die Einrichtung wie der Träger haben somit einen verlässlich Standard für die Einrichtung erarbeitet, der diese nun charakterisiert und Verlässlichkeit gegenüber den Eltern signalisiert. Ergebnissicherung und Erfolgskontrolle schließen damit ab.

Fazit

Abschließend möchte ich mit einigen Worten noch einen Ausblick wagen. Der nun zurückliegende Arbeitsprozess ist ein langer Weg gewesen. Das Konzept der kindorientierten Pädagogik ist nicht in kurzer Zeit umzusetzen. In den Einrichtungen, die dieses Konzept umgesetzt haben, sind seit Beginn mehr als 1,5 Jahre vergangen. Am Ende dieses Weges steht eine Einrichtung, die sowohl ein solides Handwerk versteht wie eine an fachwissenschaftlichen Erkenntnissen orientierte effiziente und effektive Pädagogik anbieten kann.

Aber natürlich kann ein solcher Leitfaden nicht alle Detailfragen klären. Deshalb wurden bei den Moderatorinnen auch umfangreiche Kenntnisse in Methoden, Teamführung und Inhalte der Bildungsvereinbarungen vorausgesetzt. Diese vorhandenen Kompetenzen sind allerdings in der Praxis unterschiedlich ausgeprägt, das hängt sicherlich damit zusammen, dass es erst in jüngster Zeit Bestrebungen gibt, ein Profil für Leitungskräfte in Tageseinrichtungen an Fachhoch- und Hochschulen zu entwickeln und zu lehren. Die meisten Leiterinnen verfügen über keine zusätzliche Leitungsqualifikation, außer sie haben sich privat fortgebildet oder arbeiten bei einem Träger, der großen Wert auf fortgebildete Mitarbeiterinnen legt.

Abschließend seien mir dann noch einige Worte zur Implementation erlaubt.

Zur Implementation

Ressourcenorientierung

Ein solcher Prozess ist nur zu schaffen, wenn sich ein Team und auch eine Leiterin oder Moderatorin der Unterstützung des Trägers gewiss sein kann. Es ist nicht möglich, ein solches Konzept »nebenbei« umzusetzen. An den angesetzten Zeitmargen ist dieses leicht zu erkennen.

Vor dem Beginn eines Entwicklungsprozesses ist es unabdingbar, eine Übersicht über die zur Verfügung stehenden Ressourcen zu bekommen. Wichtige Fragen sind dabei natürlich, wie viel Personal zur Verfügung steht, welche zeitlichen Ressourcen sind zusätzlich denkbar und welche finanziellen Möglichkeiten stehen zur Verfügung.

Ohne einen Aufschlag und die Zusicherung durch den Träger, sollte jede verantwortungsbewusste Leitung sich schützend vor ihr Team stellen und einen solchen Prozess nicht annehmen und angehen.

Fachliche Angemessenheit

Zwar ist in diesem Buch viel über Fachlichkeit geredet worden und für die Gestaltung der Prozesse ist Fachlichkeit vorausgesetzt und auch nötig. Aber natürlich konnte diese immer nur peripher beschrieben werden. Es ist in diesem Projekt unbedingt für jedes Team ratsam, sich externe Expertise in Form von Artikeln und Büchern einzuholen. Im Anhang dieses Leitfadens finden Sie eine Auswahlliteraturliste zu den drei Basiskompetenzen Beobachten, Dokumentieren und Planen.

Alle Prozesse sind natürlich nur dann einer effizienten und effektiven Pädagogik, d.h. individuellen und angemessenen Bildungs- und Erziehungsprozessen zuträglich, wenn sie einen fachlichen Bezug gewährleisten.

Familien und Kindorientierung

Kindorientierte Pädagogik sagt es schon. Die hier entwickelten Verfahren orientieren sich an den Kindern. Ziel ist es, optimale Fördermöglichkeiten zu initiieren und Kinder im Sinne einer flexibeln Bildungsbiographie viele »Türchen und Tore« zu öffnen. Dieses ist meiner Meinung nach nur dann möglich, wenn sich Bildungsprozesse an den Kompetenzen der Kinder einerseits orientieren und an den Bedürfnissen, Interessen, Wünschen und Ideen andererseits. Das ist eine Verabschiedung von einer Pädagogik, die diese Aspekte nur peripher oder gar nicht beachtet.

Aber das Verständnis von kindorientierter Pädagogik geht an dieser Stelle weiter. Die Kooperation mit Familien gehört ebenso dazu. Insbesondere stehen hier transparente Kommunikationsmethoden im Vordergrund, aber auch die Mitbestimmung und Mitwirkung von Familien an den Bildungs- und Erziehungsprozessen sind ein Recht und eine Pflicht der Familien. Es wäre wünschenswert, dass Familien nicht als außenstehend wahrgenommen werden, sondern als Bestandteil der Einrichtung verstanden werden. Mag es auch manchmal schwer fallen.

Fortbildung

Fachkräfte müssen sich fortbilden und jeder Träger und jede Leiterin sollte ein großes Interesse an fortgebildeten Mitarbeiterinnen haben. In der Beschäftigung mit solch komplexen Projekten wie diesem ergeben sich eine Menge Fortbildungsbedarfe in einem Team. Fachkräfte sollten diesen Bedarfen Rechnung tragen und sich zu Fortbildungen anmelden. Träger sollten diese Chancen zur Professionalisierung nutzen und diese Wünsche befördern.

Es kann aber auch sein, dass Teams Unterstützung im gesamten Entwicklungs- und Umsetzungsprozess benötigen, um einen sicheren Weg gehen zu können. Für diesen Leitfaden gibt es ein umfassendes Fortbildungskonzept, in dem ein externer Moderator/Moderatorin Teams auf dem Entwicklungsprozess begleitet. Diese Art der Begleitung ist sehr individuell auf einzelne Einrichtungen bezogen und unterstützt den Entwicklungsprozess in einem hohen Maße. Weitere Informationen finden Sie unter www.groot-wilken.de

Literatur

Atzinger, Yvonne/Perras-Emmer, Barbara/Stigler, Johanna:
Räume als Erzieher;
http://www.kindergartenpaedagogik.de/479.html

Bensel, Joachim/Haug-Schnabel, Gabriele (2005):
Kinder beobachten und ihre Entwicklung dokumentieren. Sonderheft Kindergarten heute.
Freiburg: Herder.

Fried, Lilian/Dippelhofer-Stiem, Barbara/Honig, Michael-Sebastian/Liegle, Ludwig (2003): Einführung in die Pädagogik der frühen Kindheit.
Weinheim, Basel: Beltz.

Grace, Cathy/Shores, Elizabeth F. (2005):
Das Portfolio-Buch für Kindergarten und Grundschule.
Mülheim: Verlag an der Ruhr.

Groot-Wilken, Bernd (2006):
Frühe Kindheit und Transitionsprozesse.
Von der Tageseinrichtung in die Grundschule.
In: Klein & Gross., Heft 4, S. 7–11.

Kühne, Norbert/Wenzel, Peter (2000):
Praxisbuch Pädagogik – Beobachten, Planen, Erziehen.
Köln: Stam.

Lueger, Dagmar (2006):
Beobachtung leicht gemacht. Beobachtungsbögen zur Erfassung kindlichen Verhaltens und kindlicher Entwicklungen.
Weinheim, Basel: Beltz.

Ostermayer, Edith (2006):
Bildung durch Beziehung. Wie Erzieherinnen den Entwicklungs- und Lernprozess von Kindern fördern. Freiburg: Herder.

Strätz, Rainer/Demandewitz, Helga (5. Aufl., 2005):
Beobachten und Dokumentieren in Tageseinrichtungen für Kinder.
Weinheim, Basel: Beltz.

Strätz, Rainer/Demandewitz, Helga (2003):
Beobachten. Anregungen für Erzieherinnen im Kindergarten.
Weinheim, Basel: Beltz.

Textor, Martin R. (1999):
Lew Wygotski – entdeckt für die Kindergartenpädagogik.
In: Klein & Gross, Heft 11/12, S. 36–40.

Textor, Martin R.:
Der konstruktivistische Ansatz;
http://www.kindergartenpaedagogik.de/145.html

Thiesen, Peter (2003):
Beobachten und Beurteilen in Kindergarten, Hort und Heim.
Weinheim, Basel: Beltz.

Tietze, Wolfgang (Hrsg.), Dittrich, Irene/Grenner, Katja/Groot-Wilken, Bernd/Sommerfeld, Verena/Viernickel, Susanne (2004):
Pädagogische Qualität entwickeln:
Praktische Anleitung und Methodenbausteine für Bildung, Betreuung und Erziehung in Tageseinrichtungen für Kinder von 0–6 Jahren.
Weinheim, Basel: Beltz.

Tietze, Wolfgang/Viernickel, Susanne (Hrsg.), Dittrich, Irene/Gödert, Stefanie/Grenner, Katja/ Groot-Wilken, Bernd/Sommerfeld, Verena (2002):
Pädagogische Qualität in Tageseinrichtungen für Kinder. Ein Nationaler Kriterienkatalog.
Weinheim, Basel: Beltz.

Viernickel, Susanne/Völkel, Petra (2005):
Beobachten und dokumentieren im pädagogischen Alltag.
Freiburg: Herder.